Restart -

Autobiographie eines ehemaligen Elite-Soldaten in Frankreichs Diensten

Dennis Bergmann

Text: Dennis Bergmann
Fotos: Dennis Bergmann
Covergestaltung: Verlagshaus Schlosser
Coverabbildung: AdobeStock
Satz und Layout: Verlagshaus Schlosser
ISBN 978-3-7581-0052-9
Druck: Verlagsgruppe Verlagshaus Schlosser
D-85652 Pliening • www.schlosser-verlagshaus.de

Printed in Germany

Inhalt

Kindheit

Genau wie jedes andere Leben, beginnt auch meines mit einer Kindheit. Ich kann mich nur noch bruchstückhaft daran erinnern, aber ich kann sagen das meine Mutter das typische Leben einer Hausfrau geführt hat und mein Vater viel arbeiten musste, weshalb er so gut wie nie zu Hause war. Spätere Eheprobleme führten dann irgendwann zu noch mehr Problemen und letzten Endes zur Trennung. Mein Vater lernte jemand anderes kennen und meine Mutter war am Boden zerstört. Wie auch mein Vater hat meine Mutter nach kurzer Zeit jemand neues kennen gelernt. Allerdings hatte ihr neuer Freund ein Drogenproblem, so dauerte es nicht lange und sie fing dann auch damit an. Sie meinte anfangs alles im Griff zu haben und merkte nicht wie sie innerhalb von einem halben Jahr eine komplette Wesensveränderung durch machte. So war sie später der Meinung das ich mit fast 7 Jahren für mich und meine 3 Jährige Schwester kochen müsse, mir Arbeit suchen solle oder die Wohnung putzen könnte. Mit anderen Worten sie war mit der Gesamtsituation überfordert und ließ ihre Aggressionen und Unsicherheiten bei jeder Gelegenheit an mir aus. In dem sie mich mit Gegenständen verprügelte, wenn ein Tag mal nicht so lief, wie sie es sich vorgestellt hatte. Da ich natürlich aufgrund bestimmter Ereignisse eher ungern zu Hause war, verbrachte ich viel Zeit mit meinem besten Freund oder bei meiner Oma, so kam es zum Beispiel, dass ich mal vom Spielen nach Hause gekommen bin und meine Mutter, mit meiner Schwester weg war, mir aber freundlicher Weise einen Zettel hinterlassen hatte, wo drauf stand sie sei jetzt erst mal weg und das ich warten solle. Ich verbrachte die Zeit bei meiner Oma, die in der selben Straße gewohnt hat. Nach ein paar Wochen kam sie dann wieder und war anscheinend froh mich zu sehen, denn sie hat mich umarmt. Allerdings war der Frohsinn nicht von langer Dauer, denn ihre Wutausbrüche wurden immer schlimmer und so kam es das sie mir an einem Tag die Haare schneiden wollte, weil sie die Kohle für den Unterhalt lieber für ihre Drogen ausgab, anstatt mich zum Friseur zu schicken. Ich stellte mich also in die Badewanne mit dem Blick zu den gekachelten Wänden, einen kurzen Augenblick später spürte ich einen dumpfen Schlag, weshalb ich hinfiel und während mir das warme Blut aus dem Kopf floss, mein Bewusstsein verlor. Ich wachte erst im

Krankenhaus wieder auf und hatte große Sorge, wie es zu Hause jetzt wohl weiter gehen würde. Nach einem relativ kurzen Aufenthalt war ich wieder zu Hause und habe mich so wenig, wie möglich dort aufgehalten. Ich gehörte mit meiner Schwester schon fast zu den Familien meiner Freunde, weil ich mich mit der Zeit auch immer weniger zu Hause aufhalten durfte. Eines Tages kletterte ich auf einen Baum rutschte ab und fiel so tief, dass ich wieder ins Krankenhaus kam und komplett eingegipst wurde. Dies war mehr oder weniger meine Rettung, denn ich weiß nicht was in der Zeit passiert war, aber als ich aus dem Krankenhaus kam, wurden meine Schwester und ich zur Kur nach Sylt geschickt. Dort hatten wir Besuch von unserem Vater, was mir persönlich, wieder Kraft für neue Abenteuer zu Hause gegeben hatte. Als wir von der Kur zurück kamen, hatte meine Mutter in der Nacht einen Asthmaanfall und ist blau angelaufen, weshalb ich von meiner Schwester geweckt wurde und daraufhin den Notarzt verständigte. Wir kamen dann zu unserem Vater und seiner Freundin, was uns Erholung brachte und meinem Vater Zeit unser Leben neu zu gestalten. Meine Eltern haben sich gegenseitig verklagt und vor Gericht halbwegs zerfetzt, weshalb vom Gericht beschlossen wurde, dass meine Schwester und ich ins Kinderheim kamen, wo wir mit anderen Kindern die auch so ein nettes zu Hause hatten normal aufgewachsen sind. Das Leben im Kinderheim war anfangs eine komplette Umstellung für mich, denn ich lebte nun nicht mehr in Hamburg, sondern auf dem Dorf, wo alles und jeder so freundlich gewesen ist wie ich es mir immer gewünscht habe. Ich habe neue Freunde gefunden und mit 14 das erste Mal auf einer Party gesoffen und angefangen zu rauchen, um cool zu sein. Natürlich habe ich mich auch mal geprügelt oder versucht eine Freundin zu finden. Ich war zwar sehr verliebt und habe alles mögliche getan, um einen Mädchen zu gefallen, aber irgendwie hatte es nie geklappt. Obwohl ich zu Hause, in der Schule oder bei Freunden nie alleine war, habe ich mich manchmal doch sehr einsam gefühlt und mir eine ganz normale Familie gewünscht. Meine Mutter hatte weiterhin noch ganz normalen Kontakt zu meiner Schwester, ich hingegen wollte nur Kontakt zu meinem Vater und dieser ist bis heute bestand meines Lebens. Mit meinen Freunden habe ich gerne und viel Zeit verbracht, denn es war für mich interessant und beneidenswert zu sehen, wie das normale Leben in einer gewöhnlichen Familie ist. Wenn ich mit meinen Freunden unterwegs war habe ich immer irgendetwas mit denen unternommen, ob das jetzt Kekswichsen im Wald war, die nächste Party planen oder nachts besoffen im Freibad schwimmen. Ich erinnere mich gerne an diese Zeit, weil wir einfach sorgenfrei, jung und wild gewesen sind.

Was ich aus meiner Kindheit schlussfolgere ist, dass ein starker Wille alles möglich macht und dass keiner auf dieser Welt alleine ist. Manchmal stehen uns Menschen nahe und beschützen uns, ohne dass wir es mitbekommen, so wie meine liebe Oma.

Beginn des eigenständigen Lebens

Als ich dann 18 Jahre alt wurde, musste ich in ein großes Haus, mit meinem eigenen Zimmer, einer Küche und Badezimmer im Keller umziehen. Wo ich das eigenständige Leben mit allem was dazu gehörte und Unterstützung der Erzieher erlernte. Es war für mich nicht immer leicht gewesen mit dem Geld klar zu kommen und deswegen musste ich häufig viel Toastbrot oder Müsli essen. Abgesehen davon habe ich neue Freunde kennen gelernt und meine Erfahrungen mit Marihuana gemacht. Ein paar Freunde aus der alten Zeit haben mich zwar hin und wieder noch besucht und mit mir Hip-Hop gemacht, aber irgendwie ging der Kontakt mit der Zeit auseinander. Ich habe mich mit meiner Nachbarin sehr gut verstanden und habe mit ihr das erste Mal in meinem Leben Sex gehabt. Mit ungefähr 20 war ich mit der Schule fertig und habe meine erste eigene Wohnung in Harburg bezogen, allerdings war die Gegend dort mehr schlecht als alles andere und so kam es das ich dort Menschen kennen gelernt habe, die am Rande der Gesellschaft lebten und dem Alltag entflohen sind indem sie viel gekifft haben. Also habe ich erstmal ungefähr 6 Monate viel Zeit und Partys mit diesen Menschen gemacht. Ich war zwar immer herzlich willkommen und wusste dieses auch wirklich zu schätzen, aber ich wusste auch das ich mein Leben anfangen musste zu leben. Meine Wohnung war in einem Katastrophalen Zustand und der Hausmeister ständig besoffen. Es wurde bei mir zu Hause regelmäßig eingebrochen und ich hatte nach einem halben Jahr immer noch keine Arbeit gefunden. Dann hat mein Papa mir geholfen eine neue Wohnung zu finden und mir so gesehen die Möglichkeit gegeben, mein Lebenskonzept, nochmal zu überdenken. Also bin ich Nach Hamburg in ein Hochhaus gezogen, denn die Miete war sehr gering und dort hatte ich auf jedenfall meine Ruhe. So konnte ich mich auf meine Person konzentrieren und habe angefangen Sport zu machen. Als ich dann meinen Ausbildungsvertrag unterschrieben habe, da dachte ich es geschafft zu haben, umso größer war die Enttäuschung, als ich nach 4 Monaten entlassen wurde. Durch die Kontakte von 2 alten Mitbewohnern / Freunden aus dem Kinderheim habe ich dann angefangen für ein Umzugsunternehmen zu arbeiten und dabei jede Menge interessanter Menschen kennen gelernt. Ich habe viele verschiedene Eindrücke gesammelt und viel von den Kunden gelernt. Vom einsamen Single bis zum streitenden Ehepaar war da alles bei. Ich war beeindruckt welches Bild manche Menschen nach außen vermitteln und wie sie wirklich sind.

Ich habe mir das über ein paar Jahre mit angesehen und im Alter von 23 Jahren dann endlich mal den Mut gefasst, meine Vergangenheit aufzuarbeiten. Also habe ich meine Schwester, mit der bitte, unsere Mutter sehen zu wollen kontaktiert. Es wurde dann ausgemacht, dass meine Schwester und ich uns treffen, um dann gemeinsam zu ihrem Haus zu fahren. Je näher der Tag rückte, desto nervöser wurde ich, denn jetzt war ich Erwachsen und ich wusste das sie mir nichts mehr antun konnte. Aber es war trotzdem komisch. Einen Tag vor dem Treffen erhielt ich von meiner Schwester, völlig verheult, einen Anruf. Sie teilte mir mit, dass wir uns morgen nicht sehen würden, weil unsere Mutter gestorben wäre. Es war für mich ein großer Schock gewesen, denn mir wurden alle Möglichkeiten genommen, alle Fragen die ich mir mit der Zeit gestellt habe beantworten zu lassen.

Diese Lektion des Lebens hat mir gezeigt, dass man sich auf nichts im Leben einstellen kann und einfach jeden Augenblick genießen sollte. Denn erstens kommt es anders und zweitens, als man denkt.

Fremdenlegion

Ich habe 1 Jahr lang versucht den Tod meiner Mutter zu verarbeiten und mich damit abzufinden. Es ist mir allerdings nicht gelungen, was ich mir aber nicht habe anmerken lassen. Also schaute ich in meiner Freizeit viel Fernsehen, als dann auf einem lokalen Fernsehsender ein Bericht über die Fremdenlegion lief, da wurde ich hellhörig und sammelte Informationen zu dem Thema. Auf der Rekrutierungsseite stand das man dort von vorne anfangen kann, egal was man vorher gemacht hat, da sah ich meine Chance auf einen Neuanfang und habe mir Urlaub genommen, um mich zur Rekrutierungskaserne nach Frankreich zu begeben. Ich habe niemanden über meine Absichten informiert und mich mit schlechten französisch Kenntnissen in ein für mich völlig fremdes Land begeben. Als ich an der Kaserne angekommen war, bin ich extrem nervös gewesen, weil ich nicht wusste was mich erwarten würde. Alle meine Recherchen im Internet haben nur vage Informationen ergeben und hier stand ich nun. Ich sagte zu dem wachhabenden Unteroffizier „Bonjour, zeigte auf mich Legionär." Der Mann hat genickt und mich nach meinem Pass gefragt. Dann sollte ich kurz warten und wurde dann auch schon abgeholt, in dem Büro durfte ich alles an persönlichen Dingen abgeben und einen Haufen an Zetteln in meiner Sprache ausfüllen. Nach ärztlichen Untersuchungen ging es mit Sporttests, Verhören und Logiktests weiter. In der Rekrutierungsphase ist es merkwürdig gewesen so viele Menschen aus den unterschiedlichsten Ländern zu sehen und was die für Beweggründe gehabt haben, sich dort zu engagieren. Man wusste nicht was einem erwartet und an jeden einzelnen Tag war die Anspannung deswegen extrem hoch. Nach 2 Wochen wurde ich, als einer von 200 Bewerbern in die Grundausbildung abkommandiert. Ich war an dem Tag sehr nervös, denn einerseits wollte ich ein neues Leben beginnen und war gespannt was mich erwartet. Andererseits war dies mein letzter Tag von meinem Urlaub und ich habe mich irgendwie auch schon darauf gefreut wieder nach Hause zu kommen. Also beschloss ich mein Schicksal zu akzeptieren und in einem fremden Land von vorne anzufangen. Nach dem Befehl, ging es zur Kleiderkammer, wo ich erstaunt war, was ein Soldat alles an Ausrüstung braucht. Kurz darauf lernte ich dann einen meiner Vorgesetzten kennen und durfte gleich mit ihm und den anderen kommandierten Sport machen, da habe ich schon einen ganz leichten und sehr unangenehmen Vorgeschmack von dem bekommen, was mich erwarten würde. Wir haben dann noch Papierkram erledigt und durften einen letzten Brief nach Vorgaben schreiben. Ich bat meinen Vater darum meinen Chef über meinen neuen Bestimmungsort zu informieren und meine Miete weiter zu bezahlen, bis ich Urlaub haben würde und das Geld wieder geben konnte.

Am nächsten Tag sind wir in die Kaserne gefahren, wo ich meine Grundausbildung begonnen habe und muss sagen, dass ich zwar nicht verstanden habe, was meine damaligen Grundausbilder gesagt haben. Aber vom Ton her klang das stark wie in den Actionfilmen. Die erste Woche durften wir uns noch auf englisch verständigen und sonst stand französisch an der Tagesordnung. Wir haben die ersten 6 Wochen auf einem Bauernhof, mitten im Nirgendwo verbracht und jeden Tag mit Sport begonnen. Dann folgte meist Ausbildung in den verschiedensten Bereichen mit kollektiv Bestrafung. Es ist schwierig für jemanden, der noch nie beim Militär war sich mit so etwas anzufreunden, aber der Mensch ist ein Gewohnheitstier und somit ist alles möglich. In der Nacht hatten wir

Wachdienst und Unterricht. Mit anderen Worten, ich habe schnell erkannt, dass mein neues Leben eventuell eine Fehlentscheidung gewesen ist und nach einer Woche gefragt, ob ich zivil gehen kann. Die Antwort meiner Vorgesetzten war klar „Nein“. Also ging ich übermüdet in meinen Wachdienst und fing an nachzudenken. Es war alles sehr schwer für mich, weil ich irgendwie nach Hause wollte und mich mit dem Gedanken anzufreunden für 5 Jahre in Frankreich gefangen zu sein, war anfangs nicht leicht. Der Drill wurde jede Woche schlimmer, wir haben wenig Schlaf bekommen und jede Woche mindestens einmal, wenn kein Unterricht war, längere Nachtmärsche gemacht. Abgesehen davon gab es viel über Waffen und taktische Vorgehensweisen zu erlernen. Dann habe ich nach bereits 2 Wochen französisch verstehen, aber nicht wirklich sprechen können. Ich war erstaunt darüber meine eigenen Grenzen kennen gelernt zu haben und darüber hinauswachsen zu können. Meine körperliche Belastungsgrenze wurde weit nach oben verschoben und mein Allgemeinwissen wurde täglich erweitert. Nach dem Kepi-Blanc Marsch von 80 km in 3 Tagen und dem Abschluss des ersten Ausbildungsabschnitts, war ich froh in der Kaserne zu sein.

Wir haben zwar jeden Tag weiterhin die Hölle auf erden gehabt, aber nachts in Ruhe schlafen können. Ich lernte weiterhin jeden Tag viel über das Leben in der Kaserne und die Aufgaben der Fremdenlegion, sowie die Geschichte mit allem was dazugehört. Als ich nach ein paar Monaten mal zu Hause anrufen durfte und nur 2 Minuten Zeit gehabt habe, weil die Schlange an der Telefonzelle zu lang und unsere Freizeit begrenzt war, da fiel es mir echt schwer meinen Papa zu erklären warum ich nicht aus dem Urlaub zurückgekommen bin und ihm dann noch zu bitten meine Miete zu zahlen, brachte mich zum Nachdenken. Deswegen beschloss ich nach der Grundausbildung ins zivile Leben zurück zu kehren und irgendwas anderes zu machen. Also habe ich die letzten Monate Drill ausgestanden und bin mit dem Geld aus der Grundausbildung nach Hause gefahren.

In diesem Abschnitt meines Lebens habe ich Entscheidungen getroffen, die ich später erst richtig durchdacht habe. Was mich zu dem Entschluss „erst denken, dann handeln“ gebracht hat.

Zurück in Deutschland

Ich bezahlte meine Schulden bei meinem Vater, kündigte meine Wohnung und zog bei ihm ein. Ich habe nach langen Erklärungen wieder bei meinem alten Arbeitgeber anfangen dürfen und anstatt mich weiter zu entwickeln, wieder einen Schritt zurück gemacht. So arbeitete ich wieder und habe nach einer gewissen Zeit wieder den selben Alltagstrott gehabt, welcher mich in die Verzweiflung getrieben hatte. Man wacht auf geht zur Arbeit, lernt neue Menschen kennen, kommt nach Hause und muss sich manchmal rechtfertigen wo man gewesen ist, was man gemacht hat, ob man nicht in die Bar zurückkehren möchte, aus der man gekommen ist. Unter der Woche war es meist nicht so spannend bei mir, aber an den Wochenenden habe ich meistens versucht die verlorene Zeit zurück zu holen. Also amüsierte ich mich mit meinen Freunden und wir gingen auf Partys. Einmal haben wir eine Stripclubtour gemacht und ordentlich Geld auf den Kopf gehauen, leider bin ich am nächsten Tag bei meiner Familie zum Essen eingeladen gewesen, was mir dann auch ziemlich unangenehm gewesen ist. Denn völlig betrunken und Stripperinnenglitzer hustend am Essenstisch zu sitzen, während alle zu einem rüber schielen, ist alles andere als cool aber eine meiner jung erwachsenen Erfahrung. So zogen sich die Monate dahin und jedes mal, wenn ich einsam und alleine in meinem Zimmer gesessen habe, habe ich diese innere Leere gespürt. Dann kamen Selbstzweifel und die Angst vor einer ungewissen Zukunft, weshalb ich viel überlegte. Ich habe neben der Arbeit, in meiner Freizeit, verkrampft nach einem Ausbildungsplatz gesucht und leider nur Absagen erhalten. Als ich dann eines Tages mein altes Fotoalbum in die Hand genommen habe und bei den Fotos mit der Legion angekommen war, da fing ich an mir erneut Gedanken zu machen. Mein Entschluss stand fest und ich beschloss diesmal alles richtig zu machen. Also schrieb ich mit einem Übersetzungsprogramm einen Brief an die Legion, mit der Bitte zurückkehren zu dürfen. Es vergingen 3 Monate, bis ich endlich die Rückantwort bekommen habe. Die Erlaubnis war allerdings zeitlich begrenzt, weshalb ich schnell handeln musste und nicht wirklich viel Zeit gehabt habe eine solch drastische Entscheidung, mit all ihren Konsequenzen zu treffen. Also packte ich meine Sachen und entschied mich für ein Abenteuer in einem fremden Land.

Der Abschied von meinen Freunden und meiner Familie fiel mir ganz gewiss nicht leicht, aber wer in die Zukunft gehen will, muss mit der Vergangenheit abschließen.

Die Rückkehr zur Legion

Wie das Prozedere vonstatten ging, wusste ich ja schon, also ging ich an die 2. Grundausbildung gelassener ran. In der 2. Grundausbildung konnte ich aber auf Dinge achten, die mir so vorher nicht aufgefallen sind. So ist mir zum Beispiel aufgefallen, dass sich die Armee in einem rasanten Wandel befindet. Jede Grundausbildung unterscheidet sich im Vergleich zu den anderen und hat ihren eigenen Charakter. Der Bauernhof war diesmal nicht ganz so schlimm, wie beim ersten Mal. Es gab wieder viel Sport, wenig Schlaf und viel zu lernen. Die Ausbildung im Gebirge und alle anderen Stationen der Grundausbildung, habe ich entspannter wahrgenommen. Aber eines ist gleich geblieben, ich habe selber gemerkt, dass ich mich verändert habe und innerlich leer geworden bin. Es hat sich so angefühlt, als würde etwas von mir fehlen. Ich konnte nicht mehr wirklich lachen und war vom Verhalten her kühl. Als ich die Zeit dann durchgestanden habe, war ich gespannt wie es jetzt weiter gehen würde. Es wurde beschlossen mich nach Französisch Guyana zu schicken, also bin ich mit den anderen nach Aubagne zurückgekehrt, um auf meine Versetzung zu warten. Um die Zeit bis zu meinem Abflug, der erst in einem halben Jahr sein sollte, zu überbrücken habe ich jeden Tag im Altenheim der Legion Hausmeisterarbeiten erledigt. So lernte ich zum Beispiel altgediente Deutsche kennen und habe dort viel Zeit mit ihnen verbracht. Ich habe mir ihre alten Geschichten angehört und gemerkt das sie mich bei jeder meiner Arbeiten beobachtet hatten. Bevor es für mich nach Guyana ging durfte ich ein vorerst letztes Mal Urlaub machen, also verbrachte ich meine Zeit mit meinen alten Schulfreunden und meiner Familie. Ich genoss die schönen Momente und war erstaunt, wie schnell die Zeit verging. Aber ich war auch gespannt was mich in Guyana erwarten würde.

Sich auf ein Leben ohne Vorzüge einzulassen, bedeutet in der heutigen Zeit einen kompletten Umschwung, mit allem was dazugehört.

Guyana

Nach 13 Stunden Flug konnte ich es kaum erwarten endlich anzukommen und als die Tür aufging bin ich fast umgekippt, weil ich mit dieser Hitze und dem stickigen Klima nicht gerechnet habe. Ich wurde dann mit anderen Kameraden vom Flughafen abgeholt und habe dann erstmal 2 Wochen Zeit bekommen meinen Laufzettel abzuarbeiten. Also habe ich entspannt die einzelnen Büros aufgesucht und die medizinische Untersuchung hinter mich gebracht. Danach habe ich vom Kompaniechef meine Einheit zugeteilt bekommen und vor dem Gebäude einen meiner Vorgesetzten kennen gelernt. Er ließ mich erstmal mit meinem Rucksack Liegestütze machen und gab mir 30 Sekunden, um in die 3. Etage zu meiner Einheit laufen zu können. Dort habe ich schon den nächsten meiner Vorgesetzten auf dem Flur getroffen und zur Begrüßung erstmal einen Hieb in die Magenkuhle bekommen, dann hatte der meine Taschen in mein neues Zimmer geschmissen und mich gleich an der Gruppenbestrafung der anderen Legionäre teilhaben gelassen. Abends durfte ich dann Bier kaufen und mich bei jedem einzelnen Soldaten, den Zugführer vorran vorstellen. Da ich den niedrigsten Dienstgrad gehabt habe, durfte ich erstmal völlig besoffen alle zerschmissenen Flaschen und den mit Bier überschwemmten Flur wieder sauber machen. 3 Tage später haben wir dann gemeinsam mit dem CEFE-Combat angefangen. Dabei handelt es sich um einen Lehrgang, wo ich das Kämpfen und Überleben im Dschungel erlernt habe. In der Zeit habe ich ebenfalls wenig geschlafen und genau wie in der Grundausbildung viel lernen müssen. Bis dahin kannte ich den Dschungel nur aus dem Fernsehen und hatte keine Ahnung was für eine Scheiße das eigentlich ist. Man hat dort die verschiedensten Tiere und sollte dort so wenig, wie möglich anfassen. Denn unter jedem Stein oder Ast könnte sich eine giftige Schlange, Kröte, Spinne usw. befinden. Abgesehen davon hat man dort viele kleine Flüsse, die wegen der Piranhas, Schlangen, Alligatoren und Keime ebenfalls gefährlich sind. Wenn uns in Deutschland eine Mücke sticht, dann denken wir uns nichts dabei, aber wenn einem dort ein Moskito oder ähnliches sticht, dann muss man sich die Frage stellen welche Krankheit man jetzt hat. Ich musste während des Lehrgangs und des militärischen Drills, unter sehr schweren Bedingungen wie der Hitze am Tag und der Kälte in der

Nacht, sowie der ekelhaften Nässe, in Momenten der Ruhe, immer wieder an zu Hause denken. Ich habe mir selbst oft die Frage gestellt, was meine Freunde oder meine Familie jetzt gerade wohl machen. Direkt im Anschluss daran wurde ich dann auf einen Lehrgang geschickt, um den Umgang mit einem bestimmten Waffensystem zu erlernen. Während des Lehrgangs, war ich größtenteils wieder in der Kaserne und bin froh gewesen meine Wäsche waschen zu können und mal wieder normales Essen unter normalen Bedingungen zu mir nehmen zu können. Ich habe mit den anderen Lehrgangsteilnehmern wieder viel gelernt und bei abendlichen Bieren, mir ihre Erfahrungen und Erlebnisse in der Legion anhören können. Mir ist in diesen Momenten erst bewusst geworden, dass jeder Lehrgang mit einem harten Drill, Schlafentzug, einer unglaublichen Härte und Disziplin durchgezogen wird.

Nach den ganzen Lehrgängen und Strapazen ist mir bewusst geworden, dass Freizeit, die Zeit mit der Familie und die Momente mit meinen Freunden für mich das wertvollste sind, dass ich hatte.

Guyana – Dschungeluniform

Guyana – In einem Dschungeloperationsort

Die erste Mission

Als ich dann endlich fertig war, durfte ich zum ersten Mal auf eine richtige Mission mit in den Dschungel. Ich habe schon ganz aufgeregt auf den Hubschrauber gewartet und als der endlich gekommen war, habe ich mich wie in einem Film gefühlt. Ich habe die ganze Zeit über aus dem Fenster geschaut und den Regenwald beobachtet. Als wir dann endlich an unserem Bestimmungsort angekommen waren, wurden wir abgesetzt und ich musste schnell raus, um die Illegalen Goldgräber zu schnappen. In so einer Menschen feindlichen Umgebung mit 40 Kg Marschgepäck + die eigene Ausrüstung am Mann und einer Luftfeuchtigkeit von 80%, bei Temperaturen von bis zu 45 Grad im Schatten, musste ich trotzdem bei klarem Verstand sein und mich auf die Mission konzentrieren. Wir haben vorher im Hubschrauber klare Instruktionen erhalten, was den Adrenalienspiegel in die Höhe getrieben hatte. Als es dann aus dem Hubschrauber raus ging war ich alles andere als gefasst, mir ging auf dem Anmarschweg tausend Dinge durch den Kopf und am liebsten wollte ich einfach nur nach Hause zu meiner Familie und meinen Freunden. Es wurde viel geschossen, aber das habe ich nicht wirklich wahrgenommen, denn ich bekam einen Mann zugewiesen und wollte diesen schnappen, aber dieser viel in ein 10 Meter tiefes Erdloch und hatte sich beim Sturz anscheinend das Genick gebrochen. Beim Blick in die Grube wurde mir schlecht, weshalb ich froh gewesen bin, als mir befohlen wurde in die Sicherung zu gehen. Mein vorgesetzter funkte sich die Polizisten ran und von weitem sah es so aus, als würden die Polizisten sich darum kümmern. Also könnte es auch gut sein, dass der Goldgräber auch nur verletzt gewesen war. Dies habe ich allerdings nie in Erfahrung bringen können. Als die übrigen illegalen Goldgräber zusammen getrieben und ihre Daten erfolgreich aufgenommen wurden, mussten wir nur noch auf die Hubschrauber warten, damit wir zum nächsten Punkt fliegen und uns für mehrere Wochen im Dschungel einrichten konnten. Leider musste ein Kamerad ins Krankenhaus geflogen werden, weil er bei der Verfolgung in eine Mine von irgendetwas gestochen wurde. Er hatte schwere Halluzinationen auf der selbst gebauten Trage die Bibel rauf und runter gebetet. Bei solchen Geschehnissen funktioniert der Körper einfach nur und das Hirn schaltet in den Arbeitsmodus, also ließen mich in diesem

Moment alle Geschehnisse kalt. Wir machten in den kommenden Wochen weitere Patrouillen am neuen Einsatzort. Dabei haben wir des öfteren jede Menge Ausrüstung und Materialien zum Gold-schürfen gefunden, notiert und vernichtet. Ich war froh als diese Mission beendet war, denn mit den Wochen habe ich gemerkt, dass ich geistig immer mehr abgedriftet war.

Auf dieser Mission habe ich mich schon stark verändert und gemerkt wie vergänglich das Leben sein kann.

Das erste Wochenende

Als ich nach dem ganzen Stress, um 3 Uhr morgens zurück in der Kaserne war, musste ich erstmal die komplette Ausrüstung mit allen anderen putzen. Völlig übermüdet bin ich dann gegen 5 Uhr ins Bett gekommen und war froh endlich mein erstes richtiges Wochenende zu haben. Also habe ich erstmal ausgeschlafen und mich mit Vorgesetzten verabredet essen zu gehen und Party zu machen. Als ich die fragte, wie es ablaufen würde, da wurde mir gesagt das wir erstmal in einem Restaurant essen gehen würden, dann in eine Bar und danach in einer Diskothek Party machen würden. Bevor es los ging musste ich nochmal über meine Ausgehuniform bügeln, in der Hoffnung das ich heil und ohne beschmutzter Uniform zurück in meine Stube kommen würde. Als es dann raus ging war ich ein bisschen nervös, denn es war vor dem Kasernentor eine andere und sehr arme Welt. All diese Menschen haben einen merkwürdig angesehen und wenn ich nicht von einer Prostituierten angesabbelt wurde, dann wurde ich von irgendwelchen Obdachlosen angeschnorrt oder bedroht. Ich habe schon fast keine Lust mehr gehabt, aber als das erste Bier leer war, da habe ich richtig Lust bekommen einen drauf zu machen. Also ging es nach dem Essen direkt in die Bar. Mir ist aufgefallen das es in Guyana sehr teuer ist, aber wenn man wenig Freizeit hat, dann weiß man jede Sekunde und sei sie noch so teuer wirklich zu schätzen. Als es dann in die Disko ging da habe ich erst gedacht in einem Bordell gelandet zu sein, denn ich habe bis dahin noch nie so viele leicht bekleidete Frauen gesehen, die sich gefühlt mit der halben Kaserne dort amüsiert haben. Es hat auch nicht lange gedauert bis wir ein paar Damen am Tisch hatten und uns dem Alkohol völlig hingegeben haben. Am nächsten Morgen war ich völlig betrunken und bin irgendwie in einer Wohnung aufgewacht, meine Vorgesetzten waren nirgends anzutreffen, statt dessen war in der Küche eine wunderschöne Brasilianerin, die mir Frühstück zubereitet hatte. Sie sprach sehr gut Französisch und war eine sehr liebenswerte Frau. Also aßen wir zusammen und haben bis zum Abend des öfteren miteinander verkehrt. Am Abend bin ich dann wieder in die Bar gegangen und habe mit den selben Kameraden wieder getrunken, die berichteten ebenfalls bei Damen gewesen zu sein und haben den selben Abend wiederholt. Sonntag früh bin ich dann nach meinem Besuch, bei einer anderen Frau, in die Kaserne gegangen und war völlig zerstört. Vor der Kompanie lag ein anderer Kamerad völlig betrunken und hatte anscheinend auch ein gutes Wochenende gehabt. Ich habe erstmal meine Ausrüstung für den nächsten Tag vorbereitet, nach dem Duschen und Zähne putzen erstmal das Wochenende Revue passieren lassen.

Mir ist aufgefallen, dass die Zeit etwas sehr wichtiges und kostbares ist. Wenn man ständig nur unterwegs ist, dann probiert man in den Momenten, wo man sie hat, alles verlorene zurück zu holen. Was aber niemals funktioniert.

Wachdienst

Am nächsten Tag hatte ich Wachdienst am Tor und meine Uniform musste, wie immer, makellos sein. Alle Stunde wurde die Uniform kontrolliert und musste beim kleinsten Fehler komplett neu gebügelt werden. So lange, bis der Unteroffizier die Uniform kontrolliert und sein Okay gegeben hat. Ich fand es immer nervig und hatte überhaupt keine Lust mehr auf den Krempel. Aber wenn ich das gesagt hätte, dann wäre ich hart bestraft worden. Na ja, es ging aber alles gut und während meiner Zeiten am Tor, habe ich jede menge Zeit zum Überlegen gehabt. Die ruhigen Momente im Leben eines Legionärs sind die Schlimmsten, weil man sich irgendwann selbst fragt,, warum mache ich das eigentlich hier?", was machen meine Freunde und meine Familie jetzt gerade in diesem Augenblick?" Fragen über Fragen ohne Antworten, bewegen sich ohne Ende im Kreis. So kam es das der ein oder andere, bei Nacht in seine Stube der Kompanie gegangen ist, seine Sachen gepackt hatte und niemals wieder gekommen ist.

Wenn man zu viel überlegt, dann dreht man sich nur im Kreis und kommt nicht weiter.

Ausgang am Mittwoch

Ich durfte Mittwochs, wenn nichts weiter an stand ab Mittags raus gehen und musste erst am nächsten Morgen wieder zum Morgenappell da sein. Es kam äußerst selten vor, dass ich auf einem Mittwoch mal nichts zu tun hatte, aber an diesem einen Mittwoch durfte ich raus und habe mich vorher mit einem Blick auf die Order für den nächsten Tag abgesichert. Also bin ich zu anderen Kameraden und habe mit denen beschlossen all den Frust, so wie Stress in Alkohol zu ertrinken. Dann sind wir raus und haben zufällig noch ein paar Damen in unserer Lieblingsbar kennen gelernt. Wir haben uns mit den Damen prächtig amüsiert und der Alkohol schmeckte auch mit jedem Glas immer besser. Mit anderen Worten, wir haben die Zeit aus den Augen verloren und als wir dann noch bei denen zu Hause gewesen waren, da habe ich gar nicht mehr zur Uhr geschaut. Als ich morgens früh dann eine Stunde vor dem Morgenappell einen Anruf von einem Vorgesetzten bekommen habe, mit der Frage ob ich desertieren möchte, ging mir nur durch den Kopf das ich auf jedenfall richtig hart bestraft werden würde. Ich ging zu meinem Kameraden und wir eilten zur Kaserne zurück. Ich kam noch rechtzeitig zum Antreten und war noch so besoffen, dass ich nicht mehr gerade stehen konnte. Alle anderen standen da bereits in Sportbekleidung , ich erklärte krank zu sein und das ich gleich zum Arzt gehen würde. Einer meiner Vorgesetzten hatte mich zur Seite genommen und gesagt das ich mir Arbeitsbekleidung anziehen sollte. Des weiteren würde ich nach deren Sport bestraft werden. Als alle vom Sport wieder kamen, da habe ich den Auftrag bekommen die komplette Kompanie mit Gallseife und Bürste zu schrubben. Während ich putzte kamen ab und zu mal Vorgesetzte und ließen mich mehrere 100 Liegestütze machen. Als die Nacht anbrach dachte ich es wäre vorbei, aber ich musste weiter putzen. 2 Stunden vor dem Morgenappell durfte ich ins Bett und musste danach weiter putzen. 5 Tage lang durfte ich nur 2 Stunden pro Tag schlafen und zu den Essenszeiten in die Kantine gehen. Ich war geistig gar nicht mehr anwesend und völlig ausgelaugt, als ich am letzten Tag um Mitternacht die Chance bekam meine Schuld endgültig zu begleichen. Ich sollte die Order vom Donnerstag 10 mal sauber auf weißen Din A4 Blättern abschreiben und durfte danach ins Bett gehen. Ich habe die Order pünktlich zum Morgenappell abgeschrieben. Den Tag über durchgebissen und am Abend gab es mit den Kameraden erstmal ein paar Bierchen. Ich war anfangs verwundert, aber dann habe ich es begriffen. In der Legion gibt es kein Gut und Böse in dem Sinne, wie man es vielleicht aus der Bibel kennt. Das System ist einfach, macht einer Mist, dann wird er so hart bestraft, dass er es niemals vergessen wird. Allerdings ist es auch so, wenn er seine Strafe bezahlt hat, dann gehört er wieder dazu. Dieser Kampfgeist und diese harten Erziehungsmethoden machen den schwächsten Menschen zu einer starken Persönlichkeit.

Das Interessante an Schlafentzug ist, dass man irgendwann anfängt zu Halluzinieren. Ich war nach diesen 5 Tagen ein Wrack und unheimlich froh meine Schuld beglichen zu haben.

Die zweite Mission

Ich habe noch 2 Wochen ganz normale Tätigkeiten, wie Sport, Schießtrainings auf der Schießbahn, Training auf der Hindernisbahn und den regulären Putzen von Fahrzeugen beziehungsweise der Ausrüstung gemacht. Als wir dann den nächsten Marschbefehl bekommen haben, mit einer kurzen Unterweisung in die nächste Mission. Wir wurden für mehrere Wochen geplant, also musste ich mir wieder neue Kleinigkeiten, wie Seife, Kerzen, Betadin usw. für mein kleines Wohlergehen im Dschungel kaufen. Denn auch wenn man im Dschungel wie ein Tier lebt, so ist man trotzdem noch ein Mensch und braucht bestimmte Dinge, um sich sauber zu halten und sich in erster Linie selbst versorgen zu können , wenn man mal eine Wunde oder sonstige Verletzungen haben sollte. Ich bereitete meine Ausrüstung vor und war dann Abflug bereit. Als es dann am nächsten Morgen los ging war ich ziemlich genervt, denn die erste Mission war schon ziemlich stressig, jetzt aber wieder los zu müssen, war ziemlich nervig. Als wir an unserem Bestimmungsort angekommen waren und der Hubschrauber weg war, da habe ich erstmal meine Hängematte gespannt und meine Sachen ausgepackt. Ich war gerade fertig, als ein Vorgesetzter kam und meinte, dass wir sofort für 5 Tage auf Patrouille gehen würden. Also musste ich meine Sachen wieder einpacken und war überhaupt nicht froh gleich los zu müssen. Wir marschierten durch viele kleine Flüsse und waren an den dunkelsten Sümpfen vorbeigekommen, die man sich vorstellen kann. Die Bäume in diesen Gebieten waren alle abgestorben und auf dem Boden waren viele kleine Tiere. Am Abend haben wir dann endlich unseren ersten Checkpoint erreicht. Wir bauten unser taktisches Lager auf, aßen gemeinsam und dann wurde auch schon die Wache eingeteilt. Die Nacht verlief ruhig, am nächsten Morgen habe ich dann meine Sachen zusammengepackt und Kaffee gekocht. Mein Frühstück bestand hauptsächlich aus dem Fertigmüsli, aus der 24 Stunden Ration, wo ich mir vor Beginn der Patrouille natürlich nur die Sachen raus genommen habe, die ich tatsächlich brauchte. Denn der Rucksack war trotzdem groß und schwer, weshalb man auf jedes Gramm achten musste. Nach dem Frühstück und der morgendlichen Hygiene, ging es dann auf zum nächsten Checkpoint, eine bereits gefundene und zerstörte Siedlung von illegalen Goldgräbern. Die Tiere waren laut und fröhlich zu hören, also konnte ich mir zu 80% sicher sein, dass hier nichts ist. Aber ich war trotzdem immer vorsichtig, weil man nie weiß was kommt. Ich spitzte meine Ohren und schärfte meinen Blick, aber es war nichts zu sehen, außer alte, abgebrannte Hütten, zugeschütteter Minenschächte und verwucherter Sitzgelegenheiten. Wir gingen langsam weiter und machten kurz Pause, damit die Koordinaten und ein kurzer Lagebericht abgesendet werden konnte. Ich nutzte die Zeit, um schnell etwas zu essen und eine zu rauchen. Dann haben wir neue Checkpunkte zugewiesen bekommen und haben dann zwischen dem nächsten Checkpunkt und dem jetzigen wieder unser Lager aufgeschlagen. Die Tage vergingen und jeder Checkpoint brachte immer wieder das Selbe zum Vorschein. Ich habe mir dann dummerweise eine art Routine angeeignet, welche mir am fünften und letzten Tag unserer Patrouille fast das Leben gekostet hätte. Wir haben, wie immer, nach der letzten Kontrolle des Checkpunktes die Meldung abgeschickt und den Befehl bekommen, einen letzten Punkt zu kontrollieren, denn dieser läge wohl nur 4 Km von unserer eigentlichen Marschroute entfernt. Also sind wir dahin marschiert und an einer Lichtung mit einem kleinen

Fluss zur linken, Hügeln vor mir und zu meiner Rechten. An dem Fluss angrenzend war eine kleine Hütte, mir wurde als niedrigster Dienstgrad der Befehl erteilt, alleine die Hütte zu prüfen. Mir stieß das Adrenalin in den Kopf und mein Herz raste. Ich bereitete mich auf das Schlimmste vor und ging in die Hütte rein. Auf dem Boden war eine Matratze und rechts davon waren Plastikkisten mit Bettwäsche und noch anderer Materialien da. Also muss jemand da sein. Ich ging aus der Hütte raus, rief meinen Kameraden zu, was ich gesehen habe und sollte dann diese Person finden. Ich ging um die Hütte herum und sah am Fluss einen illegalen Goldgräber seine Sachen waschen. Ich schlich mich an diesen heran und als er mich sah, da habe ich eine Geste gemacht, dass er verschwinden solle. Er hatte alles liegen gelassen und ist dann zum Berg gelaufen. Als ich zurück ging und gerade um die Ecke gehen wollte, da flogen mir auf einmal die Kugeln um die Ohren. Meine Kameraden haben das Feuer auf dem Hügel hinter mir eröffnet und ich musste mich schnell wieder an die Ecke des Hauses verkriechen, sonst hätte ich eine Kugel riskiert. Als ich aufblickte, da sah ich vor mir auf dem Hügel eine Menschengruppe, die mich ins Visier nahmen und eröffnete ebenfalls das Feuer. Mit anderen Worten, die Kugeln flogen von allen Seiten in alle Richtungen. Das Feuergefecht dauerte ungefähr 15 Minuten und ich war klitschnass. Ich war verwirrt und meine mich vollgepinkelt zu haben, abgesehen davon war alles wie in Zeitlupe. Nach dem gegenseitigen Beschuss, habe ich den Befehl bekommen in die Sicherung zu gehen und habe dies, am ganzen Leibe zitternd, getan. Während alle Bereiche überprüft und die Meldung über dieses Ereignis abgeschickt wurde, habe ich nur noch einen Gedanken gehabt, ich will nach Hause. Wir marschierten zurück und je mehr wir uns entfernten, desto besser habe ich mich gefühlt. Ich habe mich glaube ich noch nie so schlecht gefühlt. Im Camp zurück, war diese Mission für meine Gruppe beendet, wir wurden zurück in die Kaserne gebracht und ich habe versucht klar zu kommen. In der Kaserne angekommen, haben die anderen etwas normales gegessen. Ich aber konnte nichts essen und habe Tagelang nichts gegessen. Die Nächte habe ich Alpträume gehabt und war einfach nur fertig. Am dritten Tag wurde ich von Vorgesetzten mit in die Kantine genommen und mir wurden zwei Optionen genannt. Erstens ich werde jetzt essen oder zweitens ich werde verprügelt. Also zwang ich mir das Essen rein und lenkte mich später mit Sport ab. Ich bin ständig schweiß gebadet aufgewacht und habe zum Teil das Gefühl gehabt zu ersticken, also sorgte ich immer dafür entweder genügend Bier im Kühlschrank zu haben oder mich Abends so ins Koma zu trinken, dass ich durch schlafen konnte.

Das Tödlichste im Leben eines Soldaten ist die Routine, diese Erfahrungen haben mich sehr intensiv geprägt und später noch sehr stark beschäftigt.

Parademarsch in Brasilien

In der Fremdenlegion gibt es viele Traditionen und Gebräuche, wie zum Beispiel zur Weihnachtszeit zusammen eine Krippe zu bauen oder an Heiligabend mit seiner Kompanie zusammen zu feiern und Geschenke von der Kompanie zu erhalten. Einer dieser vielen Traditionen ist der Parademarsch das Defilieren. Dabei geht es darum die Legion in ihrer Disziplin der Bevölkerung zu zeigen und sich zu präsentieren. So ist es üblich, dass überall dort, wo es möglich ist die Legion zu zeigen, defiliert wird. So kam es auch das meine Kompanie nach Brasilien eingeladen wurde, um mit der der Brasilianischen Armee und allen anderen Staatsbediensteten gemeinsam zu defilieren. Also stand zusätzlich zum Sport und dem allgemeinen Training noch das üben des Parademarsches und dem intensiven Vorbereiten der Ausgehuniform auf dem Plan. Solch ein Ereignis ist für alle sehr stressig, weil immer wieder noch strenger kontrolliert wurde und die Menschen im Allgemeinen mehr angespannt waren. Aber da ich abends dann immer noch im Kraftraum war und mir danach noch einen gegönnt habe, hatte ich meinen kleinen Ausgleich.

Dann war es endlich so weit und wir haben den Auftrag bekommen unsere Sachen zu packen und am nächsten Tag früh morgens abmarsch bereit zu sein. Als die Sachen gepackt waren, da wurde es ruhiger und ich habe zum ersten Mal seit langem wieder ruhig geschlafen. Am nächsten Tag sind wir dann abgeflogen und wurden herzlich von den Brasilianern empfangen. Wir bekamen unsere Unterkünfte und dann ging es auch schon ans Vorbereiten der Uniform, um direkt losmarschieren zu können. Dann kam nach einer Erprobung vorher der große Auftritt. Die Tribünen waren voller jubelnder Menschen und ich selber war zwar aufgeregt, aber habe mich dennoch stets auf mich konzentriert, denn wenn eine Person nicht gleichmäßig im Takt marschiert, dann fällt das sofort auf. Nachdem alles gut gelaufen war und ich endlich wieder aus der Uniform raus konnte, habe ich mir erstmal mit den Kameraden der Brasilianischen Armee ein paar Bierchen gegönnt. Am nächsten Tag durften wir gruppenweise raus gehen und haben uns dann den Strand angeschaut, gut gegessen und wieder Bier getrunken, bevor wir unsere Sachen gepackt haben und am nächsten Tag abgereist sind.

Ich fand es anfangs interessant zu defilieren und zu sehen, wie die Armee auf die normale Zivilbevölkerung gewirkt hat. Man kam sich wie so ein Superstar vor und in solchen Momenten war man irgendwie sehr stolz

Entführte Touristen

Guyana ist meiner Meinung nach kein Ort um Urlaub zu machen, denn dort sind die Flüsse und das Meer Braun, die Menschen arm und es gibt dort jede menge Probleme. Verzweiflung und Geldnot bringen viele Menschen dort in Verzweiflung. Ich war in der Kaserne und habe meinen Schrank wieder eingeräumt und meine Sachen verstaut. Wir haben endlich wieder Wochenende gehabt und durften bevor es wieder in den Dschungel ging noch einmal aus der Kaserne, um Sachen zu kaufen und vielleicht noch einen zu trinken. Da ich immer alles auf Vorrat gekauft habe, brauchte ich nichts mehr und konnte entspannt mit anderen einen trinken gehen. Es war früher Abend und ich habe gerade mein halbes Bier ausgetrunken, als der Anruf meiner Vorgesetzten kam. „Dies ist keine Übung, wir haben roten Alarm!“ Also bezahlte ich mein Bier und beeilte mich in die Kaserne zu kommen, ich zog mich so schnell ich konnte um, nahm meinen 24 Stunden Rucksack und rannte zur Waffenkammer. Ich dachte viel zu spät zu sein, aber es war alles gut, denn vor den Ausgabeschächten tümmelten sich schon die Kameraden. Wir gingen danach zum Antreten und bekamen eine Unterweisung in die Situation. Touristengruppe seit 48 Stunden vermisst, was bedeutete das man schon davon ausging Tote zu bergen. Es war nämlich typisch für Guyana, denn vor den Touristeninformationszentren standen ab und zu irgendwelche verzweifelten, die dann Dschungeltouren für Touristen angeboten haben. Die Touristen wurden dann irgendwo in den Dschungel gefahren und von den Gangstern ausgeraubt. Wir mussten dann immer nur schnell sein, weil die Verzweifelten ab und zu auch mal übergriffig wurden oder ihre Opfer umbrachten. So war es auch in diesem Fall, also warteten wir auf die Hubschrauber und teilten uns im Dschungel auf. Meine Gruppe war sich einstimmig sicher, dass wir auf jedenfall nicht diejenigen sein würden, welche die Touristen finden würden, weil wir viel zu tief im Dschungel waren, aber egal. Wir marschierten unsere Kontrollpunkte ab und nach 3 Stunden kam dann die Meldung, dass die Touristen schwer verletzt, unterkühlt und unterernährt gefunden wurden. Also machten wir uns auf dem Weg zur Exfiltration und mein Wochenende war wiederholt gelaufen. In der Kaserne gab es noch eine kurze Unterredung zum Missionsverlauf und dann ging es auch schon an die Waffenabgabe. Ich ging noch in den Laden der Kaserne und trank dort noch ein paar Bier, bevor ich ins Bett ging und von den Abenteuern langsam aber sicher bedient gewesen bin.

Wenn ich davon berichte, dann werde ich immer ungläubig angestarrt, weil es sich die meisten Menschen einfach nicht vorstellen können, was in diesem Moment auf der Welt los ist.

Dritte Mission

Als es dann am Sonntag losging, da war meine Motivation nicht ganz so hoch, denn das versaute Wochenende lag mir noch im Magen. Ich wartete mit meiner Ausrüstung auf das Flugzeug und war noch extrem müde. Außerdem habe ich mir ständig vorgestellt und überlegt, was meine Freunde und Familie in diesem Augenblick wohl machen würden. Dann kam das Flugzeug und die Reise ins Herz der grünen Hölle ging los. Als wir ausgestiegen waren, haben wir auf die Hubschrauber warten müssen und sind dann gleich weiter geflogen. Am Zielort angekommen durften wir gleich unser Taktisches Lager aufbauen und mit dem Erkunden beginnen. Meine Gruppe durfte heute mal entspannen und nicht gleich mit der Arbeit beginnen, also nutzte ich die Zeit und legte mich in meine Hängematte um etwas zu lesen. Seit ein paar Wochen las ich Französische Kindergeschichten, damit ich die Sprache besser spreche und verstehe. Danach schlief ich erstmal eine Runde und als die Kameraden von der Erkundung zurückgekehrt waren, gab es erstmal ein paar Unterweisungen beziehungsweise die Planung der nächsten Missionen. Die Nacht verlief ruhig und irgendwie habe ich es auch genossen im Wachdienst einfach mal für mich sein zu können. Am nächsten Tag ging es dann los, ich schnappte meine Ausrüstung und schon kam der Teil des Soldaten daseins, den ich am meisten hasste, nämlich marschieren. Ich versuchte mich auf die Umgebung zu konzentrieren, aber wollte eigentlich nur nach Hause. Es gab viel im Dschungel zu sehen, mal bunte Frösche, giftige Pflanzen, Schlangen, Skorpione, im Wasser lauerten die Piranhas, Kaimane und viele andere Tiere. Das beeindrukenste Dschungeltier war aber der Jaguar, jedesmal wenn ich in das Herz des Dschungels ging war er in der Ferne zu sehen und hatte uns begleitet beziehungsweise beobachtet. Wir kamen nach stundenlangen Marschieren in der brütenden Hitze endlich an unserem ersten Checkpoint an und haben unser Nachtlager vorbereitet. Mir taten die Schultern vom schweren Rucksack weh und am Rücken hatte ich schon abgeriebene Stellen, weil der Rucksack gescheuert hatte. Ich machte mir mein Abendessen, Trank meinen Kaffee mit Rum, um die Mosquitos zu verscheuchen, denn beim Ausschwitzen des Alkohols bildete sich ein Geruch den die Stechmücken und Mosquitos nicht mochten. Ich versuchte mich so gut es ging zu entspannen und den Abend nochmal zu genießen, denn ich wusste das es am nächsten Tag in die Rote Zone ging, was Gefahr für Leib und Leben bedeutete. Am nächsten Morgen dann ging der Marsch weiter, ich konzentrierte mich und nach ein paar Stunden war es still im Dschungel, was bedeutete das wir ganz in der Nähe von den Illegalen Goldgräbern waren. Ich ging voran und dann hatte ein Kamerad mich an der Schulter gepackt und geflüstert „Halt" ich blieb stehen und sah mich um, einen Meter vor mir war ein Draht gespannt, den ich nicht gesehen hatte. Mein Stock in der Hand hing schlaff am Handgelenk und nicht in Vorhalte. Ich war unkonzentriert, müde und hätte beinahe mein Leben durch eine auf mich gerichtete Schrotflinte verloren. Ich durchtrennte den Draht und nun war Vorsicht angesagt, denn wo eine Falle ist da sind auch mehrere. Wir marschierten langsam weiter und beobachteten die Umgebung ganz genau, bis wir an einen mit Quadspuren belegten Matsch Weg angekommen waren. An der Seite befand sich eine kleine Hütte und wir fanden dort Kartenmaterial, Kleidung und Nahrung. Also haben wir hier einen kurzen Checkpoint eingerichtet, unsere schweren Rucksäcke abgelegt und sind dann in dreier Gruppen losgegangen. Anhand der Bedrohung und der Schussfalle mussten wir mit allem rechnen und wieder einmal um unser Leben fürchten. Ich habe nach ungefähr 30 Minuten im lichten Teil des Dschungels etwas gehört, ein Geräusch von Gummistiefeln auf dem matschigen Boden. Ich versteckte mich mit meinen Kameraden und wartete. Die Schritte kamen näher und dann war er da. Ein Mann mit einem Gewehr, wir sprinteten auf Ihn los und in dem Moment hob er sein Gewehr. Ich hörte auf zu sprinten und hob ebenfalls mein Gewehr, entsicherte und habe mit Absicht daneben geschossen. Der Mann bekam Angst und lief in die Richtung aus der er gekommen war zurück. Ich sprintete ebenfalls wieder los und dann hatte mein Kamerad ihn gehabt. Wir nahmen ihn seine Waffe weg und während mein Kamerad auf Ihn aufpasste ging ich ein paar Meter weiter, um zu schauen ob da noch jemand war. Zu meiner Rechten sah ich einen Mann an einem Stein gelehnt ich entsicherte meine Waffe und ging auf diesen Mann zu. Er schaute mich mit großen Augen und schweißgebadet an. Ich ging weiter langsam auf Ihn zu, er zog ein Messer und hielt es sich an die Kehle. Ich hätte niemals geglaubt, dass jemand soviel Mut besäße so etwas durch zuziehen. Ich war ungefähr drei Meter von Ihm entfernt, als er sich in den Hals stach und das Messer von Rechts nach links zog. Mir wurde augenblicklich schlecht und ich rannte zu unserem Checkpoint zurück, wo ich es meldete. Zwei andere Gruppen begleiteten mich und wir sammelten meinen anderen Kameraden wieder ein. Da die anderen sich jetzt um die Goldgräber kümmerten, konnte ich mit meinem Kameraden in die Sicherung vom Checkpoint gehen. Als die Anderen wieder kamen, gab es eine Meldung und wir mussten ins Camp zurückkehren, wo der Hubschrauber uns Exfiltrieren würde, damit wir an einer anderen Mission teilnehmen konnten. Wir marschierten also zurück, warteten auf die Hubschrauber und aßen erstmal. Als die Hubschrauber gekommen waren und uns an unseren neuen Bestimmungsort brachten, mussten wir in Boote umsteigen, um an einer größeren Mission teilzunehmen. Wir gingen in die Boote und fuhren los. Diesmal hatten wir Frankreichs Elite-Polizisten mit dabei, was bedeutete das auf jedenfall etwas passieren würde. Nach einer 2 stündigen Fahrt konnten wir aus der Ferne Bewegung sehen, wir bereiteten uns vor sofort los zu rennen. Dann ging alles ganz schnell wir setzten mit den Booten auf und rannten los, die illegalen Goldgräber liefen in alle Richtungen. Ich legte mich am Fluss auf einem Sandberg und überwachte das Gelände auf der anderen Seite des Flusses. Dort verliefen zwei Wege, der Erste ging links den Berg hoch und der Andere rechts am Ufer in dicht bewaldetes Gebiet. Ich sah zwei Goldgräber mit Waffen davon laufen. Bevor der eine links den Berg hinauf lief, schoss er auf mich, ich erwiderte das Feuer und sah ihn nur den Berg hinauf humpeln und dann verlor ich ihn aus den Augen. Der andere lief zur rechten Seite weg. Ich wartete und sah dann einen meiner Vorgesetzten hinterher laufen. Ich wartete und dann kam er wieder. Wir sammelten uns, stiegen in die Boote und fuhren zum nächsten Checkpoint. Dort verbrachten wir die Nacht und diesmal trank ich ein bisschen mehr Rum, denn wir haben nicht nur illegale Goldgräber geschnappt, sondern auch mehrere Tonnen an Arbeitsmaterial beschlagnahmen können. Ich konnte all diese Erlebnisse des Tages kaum zuordnen und schlief ziemlich spät ein. Am nächsten Tag ging es dann weiter, ich konnte während der mehrstündigen Reise mit meinem Zugführer sprechen und im Gespräch haben wir festgestellt, dass es in Frankreich und Deutschland gar nicht so viele kulturelle Unterschiede gibt. Dieses Gespräch gab mir neue Kraft und half mir mal über andere Dinge nachdenken zu können. Mir ist bewusst geworden, dass diese Arbeit einzig und allein dazu dient den Regenwald und unschuldige Menschen vor diesen Kriminellen zu schützen. Denn die meisten von denen waren Drogensüchtig oder wegen schwerer Gewalt im Gefängnis gewesen, was mir am Abend zuvor von den Polizisten berichtet worden war. Wir kamen dann endlich an ein dicht bewuchertes Gebiet, wo viele kleine Wege in den Dschungel führten. Wir sahen dann auf der linken Seite Bewegung fuhren schneller und sprinteten wieder los. Meine Kameraden kümmerten sich um die Goldgräber, die umher liefen und ich wartete bei einer schwangeren Frau. Als wir alle Goldgräber wieder beieinander hatten, konnten die Polizisten ihre Vernehmungen machen und wir uns um die Zerstörung der Materialien kümmern. Als die Polizisten bei der Schwangeren Frau angekommen waren, da hatte diese die Aussage verweigert, weshalb meine Vorgesetzten mich baten mit der Frau zu sprechen. Ich nahm sie ein Stückchen mit in den Dschungel rein, wobei mir an ihrem Gang aufgefallen war, dass sie Ihre Beine kaum auseinander bekommen hatte und sehr langsam ging.

Als wir dann eine gewisse Entfernung hatten, lud ich meine Waffe durch und hielt ihr den Lauf an den Kopf. Die Frau wurde panisch, ich sagte nur Information oder peng. Die Frau fing an um Hilfe zurufen und da kamen dann zwei Polizisten angelaufen. Ich machte mit der freien Hand das Halt Zeichen und die Polizisten hielten an. Ich wiederholte bereits gesagtes und die Frau schaute wild umher, bis sie sagte Si Information. Ich winkte die Polizisten zu mir und bei der Leibesvisitation fanden diese eine Papierrolle im Hintern der Dame. Diese war mit 10g Gold, also umgerechnet ungefähr 400 Euro gefüllt. Ich ging zu meinen Vorgesetzten und später kamen die Polizisten mit weiteren Informationen zu uns. Wir fuhren mit den Booten weiter und bauten wieder unser Nachtlager auf. Ich sprach abends viel mit meinen Kameraden und versuchte so die Geschehnissen zu verarbeiten. Am nächsten Tag verlaßen uns die Polizisten, um ihre Berichte zu schreiben, wir brachen auf und fuhren weiter den Fluss rauf. Dann ging wieder der Fußmarsch los, es war ein langer Marsch und ich war schon ziemlich erschöpft, denn den nächsten Checkpoint konnten wir in 5 Tagen erreichen auf dem Weg dorthin mussten wir häufig unsere Macheten benutzen, um durch das unwegsame und zugewucherte Gebiet zu kommen, was sehr anstrengend gewesen ist. Wir durchquerten moorartiges Gebiet, Flüsse und gingen über kleinere Berge. Dann kamen wir an einer alten Grabstätte vorbei, wo die Illegalen Goldgräber versucht haben ihr großes Glück zu finden. Mir lief ein kalter Schauer über den Rücken, denn beim Durchqueren dieser Grabstätte, war es von der Atmosphäre her eher wie in einem Horrorfilm. Alles war vermodert und nicht sehr einladend, die Luft war stickig und es war ein widerlicher Gestank in der Luft, Wir versuchten während des Marsches ständig aufs Neue Empfang zu bekommen, aber bekamen keinen, weshalb wir einfach weiter machten. Dann nach fünf Tagen waren wir endlich an unserem Bestimmungsort angekommen und fanden ein altes, verlassenes Dorf vor. Neben einem Baum lag ein schon von den Tieren zerfressener Mensch, es wurde der Ort per GPS markiert und später die Polizei zwecks Bergung benachrichtigt. So etwas passierte leider, denn die Goldgräber haben keine medizinische Versorgung und wenn dann jemand von denen im Dschungel starb, dann konnten wir es nur weiter melden, damit die Leichen identifiziert und geborgen werden konnten. Wir durften diese aufgrund von Krankheiten und anderen Infektionsgefahren nie anfassen. Die Hütten und Minenschächte waren kaputt und mit Pflanzen überwuchert. Dann aßen wir und hatten endlich wieder Kontakt zur Kommandozentrale. Die Nachricht war einfach Abbruch der Mission und Rückkehr in den Vorposten des Dschungels. Wir packten unsere Sachen und traten den Rückmarsch an. Auf dem Rückweg nahm ich während des Durchquerens der Flüsse immer wieder verkeimtes Flusswasser in meinen mittlerweile leeren Flaschen auf und packte jedesmal Desinfektionstabletten rein, um das Wasser trinken zu können. Als wir am letzten Checkpoint nach weiteren vier Tagen Marsch endlich wieder angekommen waren, da hatte ich keine Tabletten mehr und mein Wasservorrat war erschöpft. Am letzten Tag des Marsches nahm ich wieder Wasser aus den Flüssen auf und trank dieses ohne die Tabletten. Die Folge war nach ein paar Stunden klar. Ich habe Durchfall bekommen und musste alle Stunde anhalten, um mich zu entledigen. Dann am Abend waren wir endlich am Exfiltrationspunkt angekommen und wurden mit den Booten zu dem Vorposten gefahren, wo es normales Essen, Fernsehen und eine medizinische Versorgung gegeben hatte. Wir haben zwar immer einen Arzt oder Sanitäter dabei gehabt, aber auch dieser konnte logischer Weise nur bestimmte Dinge in seinem Rucksack dabei haben. Ich wurde sofort zum Arzt gebracht und musste vor jeder Mahlzeit an den Tropf. Des weiteren habe ich zehn Mal am Tag Durchfall gehabt. Weshalb ich nur noch Wachdienst machen konnte und für weitere Missionen gesperrt gewesen war. Nach ein paar Wochen war dann alles wieder gut und ich musste auf die Rückkehr meiner Kameraden, von ihren Missionen, warten. Als sie dann zurückgekehrt waren, hatten sie tolle Neuigkeiten im Gepäck. Wir durften nämlich nicht nur zurück in die Kaserne, sondern hatten auch bald Urlaub. Wir flogen mit dem Flugzeug zum Flughafen, wo dann auch schon die Busse auf uns warteten. Wir kamen in der Kaserne an und reinigten erst die Ausrüstung, dann nach ein paar Stunden durfte ich mich endlich rasieren, duschen und ins Bett.

Diese lange Mission hatte mir gezeigt, wo meine Grenzen liegen und mich reifer werden lassen, denn all diese Unterhaltungen und Erlebnisse sind etwas, was mich damals geprägt hatte und mich heute ausmacht.

Abend mit deutschen Kameraden

Ich habe noch ein paar Tage gebraucht, um mich von den ganzen Strapazen aus dem Gelände zu erholen, aber ich habe die Zeit gefunden mich mit anderen deutschen Kameraden zu treffen. Es gibt nicht viele deutsche in der Fremdenlegion, also war ich mehr als andere Nationalitäten dazu verpflichtet mein Leben auf Französisch zu leben. Es fehlt einen die Muttersprache und wenn sich mal die Möglichkeit bietet, dann redet man gerne und viel. Außerdem tauscht man sich dann auch darüber aus, was in der Heimat so los ist und wie man überhaupt zur Legion gekommen ist. Wenn solche Treffen mal stattfinden konnten und alle da waren, dann hat man immer den Grill angeschmissen, gemeinsam gekocht und immer ordentlich Bier getrunken. Diese Momente haben mir unheimlich viel Kraft gegeben und mich bestärkt weiter zu machen. Denn manchmal wurde ich in der Kaserne mit sonder Putzaufträgen beauftragt, weil irgendjemand wieder einmal Mist gemacht hatte. Abgesehen davon wird einem schnell klar gemacht wer man ist und was man zu sagen hat. Als ich mich mit den deutschen Kameraden wieder treffen konnte, haben wir den Grill angeschmissen und richtig Party gemacht. Dann sind wir raus in die Bar gegangen und haben dort weiter getrunken, der Alkohol half mir eine Zeit lang viel zu vergessen, aber nur für den Moment. Na ja es ging dann weiter und ich habe mich super amüsiert. Am nächsten Morgen bin ich aufgewacht und habe festgestellt, dass ich versehentlich im Bett von einem Vorgesetzten eingeschlafen bin. Dieser war ungefähr zwei Meter groß und wenn man von so jemanden geweckt wird, dann kann man sich ja vorstellen, was als nächstes kam. Aber ich habe dieses eine Mal richtig Glück gehabt, denn dieser war selber stark betrunken und einfach nur kaputt. Also bin ich schnell aufgesprungen und in mein Zimmer gegenüber gerannt. Dort habe ich dann einen Kasten Bier geholt und ihm zur Entschuldigung gegeben. Er hat sich bedankt und damit war das Thema durch.

Diese Erfahrung hat mir gezeigt, dass man nur für den Moment lebt und die schönen Momente einfach genießen sollte. Denn egal was man macht, die Zeit läuft immer weiter.

Urlaub

Endlich war es soweit und ich konnte in den Urlaub. Wir haben unsere komplette Ausrüstung mit den Gewehren und allem in einen fast neuen Zustand versetzt. Ich war durch die viele Arbeit aber richtig müde und kaputt. Als ich dann in den Flieger nach Frankreich gestiegen bin, war ich sehr erleichtert. Von dort aus ging es dann weiter nach Deutschland, wo ich auch schon von meinem Vater am Flughafen erwartet wurde. Ich landete und kam aus dem Gate raus, mein Vater ist erst an mir vorbeigegangen und als ich ihn ansprach, da hat er nur erschrocken geguckt und zum ersten Mal in meinem Leben habe ich bei meinem Vater Tränen in den Augen gesehen. Er umarmte mich und war erst gar nicht in der Lage etwas zu sagen, außer „mein Junge". Ich stieg mit ihm ins Auto und sagte das ich erstmal Bier bräuchte. Während der Fahrt sagte keiner etwas und ich starrte aus dem Fenster. Es war irgendwie komisch so eine fremde Vertrautheit, viele fahrende Autos, saubere Straßen, viele Menschen und hohe Gebäude. Ich betrachtete meine altbekannte Umwelt mit neuen Augen und hatte eine art Kulturschock. Als wir an der Tankstelle hielten, sah ich meinen Vater hinterher und wie er sich die Augen wischte, während er mir Bier kaufte. Ich war innerlich leer und konnte dabei nichts empfinden. Als ich dann in mein altes Wochenendzimmer aus der Kindheit gekommen war, stellte ich nur meine Sachen ab und ging zu meinem Vater und meiner Stiefmutter ins Wohnzimmer. Ich trank mein Bier und berichtete so gut es ging von meinen Erlebnissen. Dabei empfand ich wieder nichts. Ich verabredete mich mit Freunden aus der Schulzeit, packte meine Sachen und fuhr mit der Bahn zu meinen Freunden. All diese Menschen am Bahnhof zu sehen, gab mir ein unwohles Gefühl und ich beobachtete diese ganz genau. Als mich mein damaliger bester Freund dann vom Bahnhof abgeholt hatte, da habe ich es in seinem Gesicht gesehen, dass er sich zwar gefreut hatte, aber dennoch stimmte etwas nicht. Wir fuhren zu ihm, wo die Bierkisten sich schon im Flur stapelten und ich sagte ihm, dass ich mir hier nicht die Schuhe ausziehen werde, bis wir alles geputzt haben. Erst dachte er wohl das es nur ein Scherz von mir gewesen sei, bis er merkte das ich zu putzen anfing. Er half mir seine Wohnung zu putzen, am Ende hatte er sich gefreut und war dankbar. Ich berichtete etwas von meinem Erlebnissen und am Abend gingen wir auf eine Party, wo wir andere aus der Schulzeit trafen. Ich fühlte mich dort aber relativ schnell unwohl, weil es die ganze Zeit über nur um die Fremdenlegion ging. Ich wurde gefragt, ob ich jemanden mit zwei Fingern umbringen könnte und immer wieder mit meinen Erlebnissen konfrontiert. Dann ein paar Tage später, fuhr ich weiter zu meiner Schwester. Ich wurde herzlich empfangen und die ersten Worte waren „Mann siehst du scheiße aus". Also berichtete ich wieder von meinen Erlebnissen und gönnte mir Abends wieder ein paar Bier. Mein Urlaub zog sich so weiter hin, ich pendelte zwischen meiner Familie und Freunden hin und her, bis Silvester gekommen war. Ich verbrachte Silvester mit meinem damaligen besten Freund aus der Schule und seiner Freundin. Wir gingen in eine art Kindertagesstätte, wo ordentlich gefeiert wurde und ein großes Buffet aufgebaut war. Mein Freund und seine Freundin waren draußen an runden Tresentischen, während ich drinnen getrunken habe und einfach mal einen Moment für mich brauchte, weil ich viele Erinnerungen an Guyana im Kopf hatte. Dann kam mein Freund rein und sagte zu mir das ich schnell raus kommen müsse, weil die anderen sieben Menschen dort wohl Ärger machen würden. Ich ging raus und bei der Freundin meines Freundes standen drei Jugendliche zu meiner Rechten waren vier. Ich sagte ihnen das sie besser die Klappe halten sollten und meine Freunde in Frieden feiern lassen sollten, bevor es noch ein Unglück gibt. Dann habe ich aus dem Augenwinkel wahrgenommen, wie die vier unter dem Tisch ihre Messer raus holten. Ich drehte mich zu denen und teilte denen mit, wenn sie nicht sofort die Zahnstocher wegstecken würden, dann würden sie sich versehentlich selbst damit verletzen. Erschrocken darüber es gesehen zu haben, entschuldigten sie sich, dann sind wir gegangen und haben in einer Kneipe weiter gefeiert. Es vergingen weitere Tage und für mich stand allmählich wieder die Rückkehr nach Guyana an. Also feierte ich zum Abschied nochmal mit Freunden in einer Dorfdisko. Wir hatten ausgelassen gefeiert, bis mir der Alkohol zu stark in den Kopf gestiegen war. Dann gingen wir nebenan in die Pizzeria. Dort saßen direkt am Nebentisch die netten Herren vom Silvesterabend. Einer kam rüber und flüsterte mir ins Ohr, dass er mich draußen verprügeln wollen würde. Ich wartete bis er sich wieder zu seinen Freunden setzte, nahm das Besteckmesser in die Hand und ging zu ihm. Ich stellte mich seitlich mit dem Messer in der Hand zu denen an den Tisch und sagte, wenn sie ein Problem haben würden, dann könnten sie gerne zu mir kommen, was ich denen aber nicht empfehlen würde. Dann setzte ich mich wieder hin und fing an zu essen. Völlig bleich ging er dann zum Türsteher und kam mit ihm wieder. Distanziert forderte der Türsteher mich auf das Essen sein zu lassen und zu gehen. Ich aß die letzten Happen noch auf und ging raus. Meine Freunde und ich hatten keine Lust mehr zu feiern und fuhren mit dem Taxi zu meinem damaligen besten Freund. Am nächsten Morgen fuhr ich dann wieder zu meinem Vater, welcher mich dann zum Flughafen gebracht hat.

Urlaub ist etwas schönes, wenn man aber die ganze Zeit über mit seiner Arbeit konfrontiert wird und auf Menschen trifft, die so etwas nicht verstehen können.

Dann ist auch der schönste Urlaub kein Urlaub.

Satellitenstart

Nach dem tollen Urlaub war es komisch wieder in der Kaserne zu sein und meine Kameraden zu sehen. Aber es war auch ein gutes Gefühl, jeder hatte etwas aus seinem Land mitgebracht und so habe ich die verschiedensten Dinge probieren können. Durch den langen Flug und die Zeitverschiebung bin ich aber müde gewesen, weshalb ich kurz auf die Tafel geblickt habe und schon mal meinen Dschungelrucksack samt Ausrüstung vorbereiten konnte. Denn es stand schon wieder der Schutz des Weltraumbahnhofs an, weil wieder ein Satellit ins All geschossen werden sollte. Am nächsten Morgen ging es dann früh los und wir mussten uns genau da stationieren, wo die meisten Mosquitos gewesen sind. Wir richteten unser Lager ein und wurden in Gruppen für die Patrouille eingeteilt. Es war richtig klarer Himmel und meine Gruppe fing an mit der Patrouille, in Booten, auf dem Wasser. Ich habe mich dabei ein bisschen wie im Urlaub gefühlt, aber trotzdem war da eine gewisse Anspannung. Als wir dann die Nacht draußen verbracht haben, da kamen mir wieder viele Gedanken an zu Hause und dem Leben meiner Freunde. Ich konnte in meine

Hängematte gehen und habe dann ein Stechen am Hals gespürt. Kurz darauf bin ich eingeschlafen, bis ich einen Fußtritt an meinem Hintern gespürt habe. Ich versuchte zu sprechen, aber es gelang mir nicht. Während mein Vorgesetzter mich anbrüllte, warum ich nicht pünktlich zur Patrouille erschienen bin und mir noch einen Tritt verpasste. Wusste ich nicht was ich machen sollte, denn ich konnte mich nicht bewegen und auch nicht sprechen. Dann öffnete mein Vorgesetzter das Mosquito Netz, schaute mich an und sagte nur, nicht bewegen. Dann stand mein Zugführer neben mir, leuchtete mir ins Gesicht und rief über Funk jemanden, um mich zu evakuieren. Ich wurde in den Jeep getragen und meine Kameraden packten meine Ausrüstung zusammen. Dann warfen sie mein Equipment ebenfalls in den Jeep und dann wurde ich erst wieder wach, als ich bei der Krankenstation auf dem Metalltisch lag. Ich habe mehrere Infusionen bekommen, während ein Arzt um mich herum lief und überlegte, was wohl mit mir sei. Er sagte schlussendlich, dass er mir mehrere starke Medikamente geben müsse und schon war ich weg. Am nächsten Morgen wachte ich auf und war immer noch an die ganzen Beutel angeschlossen. Ich konnte mich wieder bewegen und versuchte zu sprechen, was mir schwer wieder gelang. Ich stöpselte mich ab und ging auf den Flur, wo mich ein Sanitäter in Empfang nahm, er leuchtete mir in die Augen und stellte mir viele Fragen, bis er mir sagte, dass ich mich kurz hinsetzen sollte. Er telefonierte und kurze Zeit später kam jemand aus der Kompanie und holte mich ab. Meine Ausrüstung war schon auf meiner Stube, weshalb ich mich bei meinem Vorgesetzten zurück meldete. Er sah mich an und meinte nur das er dachte, ich würde sterben. Dann durfte ich mich erstmal um meine Ausrüstung kümmern und habe in der Nacht gut geschlafen.

Diese Erfahrung hat mir gezeigt, dass selbst die kleinsten Dinge im Leben einen gewaltigen Schaden anrichten können

Fahrdienst

Die Zeit verging und ich habe mich wieder einigermaßen erholt. Wir haben hier wieder viel Sport gemacht und ich näherte mich dem Ende meiner Zeit in Guyana. Ich wurde eines Tages unerwarteter Weise in das Büro meines Zugführers bestellt und habe erstmal überlegt, was der Grund dafür sein könnte. Dann wurde mir erklärt das ich aufgrund meines baldigen Endes nur noch den Fahrdienst für meinen Kompaniechef übernehmen würde. Also habe ich meinen gesamten Kram, den ich mir für das Gelände gekauft hatte, an andere Kameraden weiter gegeben. Es war ein gutes Gefühl nicht mehr in den Dschungel zu müssen. Also bereitete ich meine Bekleidung für den Fahrdienst vor und konnte mal nichts anderes machen, als zu lesen. Ich fuhr den Kompaniechef überall hin, wo er wollte. Die Regeln waren einfach, nicht anhalten und immer auf die Straße achten. Für mich war es interessant zu sehen, was so ein Kompaniechef alles machen muss. So war ich bei der Beerdigung von Kameraden dabei und durfte, wenn wir unter uns waren, persönlich mit ihm sprechen. Das war anfangs etwas ungewohnt, aber auch ein gutes Gefühl. Dies gab mir eine andere Sichtweise der Dinge. Am Ende meiner Zeit dort habe ich eine kleine Abschiedsfeier bekommen und ein Geschenk. Am nächsten Tag kamen schon die Neuen an und ich war froh ins Gebirge versetzt worden zu sein. Ich verbrachte die restlichen paar Tage mit dem Packen und der Verschiffung meiner Ausrüstung, bis ich endlich in den Flieger gestiegen und aus Guyana in den Urlaub geschickt wurde.

Guyana war in meinem gesamten Leben bisher der härteste Abschnitt und auch der mit den meisten Emotionen. Ich habe viel gelernt und auch vieles vergessen, aber das was ich noch in Erinnerung behalten habe, kann man hier lesen.

Neubeginn im Gebirge

Mein Urlaub ist für mich diesmal anders gelaufen, als gedacht, denn meine Freunde haben ebenfalls Urlaub gehabt und meinten das sie nach Frankreich fahren wollen. Also brauchte ich meine Sachen garnicht erst auspacken, sondern habe diese ins Auto geworfen. Nach langer Fahrt und einem Zwischenstop in Bayern, wo wir gut gegessen und ordentlich getrunken haben. Hatten wir unseren Campingplatz erreicht, wo ich natürlich den Übersetzer spielen durfte. Wir haben dort dann ausgelassen gefeiert und ich konnte viel erklären. Dann ging es nach ein paar Wochen nach Deutschland zurück, wo ich dann mit meinem Familienbesuch begonnen habe. Nachdem ich alle besucht habe, war der Urlaub auch schon wieder vorbei. Also packte ich meine Sachen und wurde wieder, wie immer, von meinem Vater zum Flughafen gebracht. Dann durfte ich in Frankreich lange mit dem Zug und 3 Stunden mit dem Bus ins Gebirge fahren. Im Bus habe ich dann alte Kameraden aus Guyana getroffen, was mir ein gutes Gefühl gegeben hatte, denn somit kannte ich schon ein paar. Wir kamen in der Kaserne an und bekamen gleich eine Kompanie mit Zimmern und Laufzettel zugewiesen. Also war klar das die nächsten 2 Wochen entspannt sein würden. Wir haben die Tage damit verbracht uns beim Kasernenchef vorzustellen, was natürlich bügeln auf Hochtouren mit sich brachte. Ich durfte mir eine Kompanie aussuchen und entschied mich für die spezialisierte Kompanie, denn im Gegensatz zu den anderen Kompanien, hatte diese Kompanie alles zu bieten. Wenn man ein Kommando Soldat werden wollte, ein Spezialist im Bauen oder ein Spezialist im Gebirge, dann war man hier genau richtig. Bevor ich dort aber anfangen konnte, musste ich erstmal den ganzen Papierkram erledigen und einen Lehrgang machen. Als ich nach 2 Wochen den Papierkram hinter mir gelassen habe, wurde ich auf den Pionierslehrgang geschickt. Jede Kaserne der Legion hat ihre Spezialisierungen, weshalb ich nun erstmal das Kämpfen und Überleben im Gebirge erlernen musste. Bei der Pi-Ausbildung ging es hauptsächlich um Sprengstoff. Natürlich stand auch hier der Sport an der Tagesordnung. Die Zeit verging und ich war nach ein paar Monaten endlich mit dem Lehrgang durch, dann durfte ich endlich in meine neue Stammeinheit, wo ich mich anstandsgemäß erstmal mit ordentlich Bier vorgestellt habe. Nachdem ich herzlich empfangen wurde und mir kurz und klar erklärt wurde, wie es hier läuft, ging ich auf mein Zimmer. Ich habe dort nur einen weiteren Kameraden und wie in einem Hotelzimmer ordentlich Platz für meine Ausrüstung und Bekleidung gehabt. Was mir an meiner neuen Einheit sofort aufgefallen war, ist die Tatsache, dass die alle sehr ruhig und gelassen gewesen sind. Später wusste ich auch warum, denn nach ein paar Tagen wurde ich auf einem Gebirgslehrgang geschickt. Wo ich die erste Woche das Ski-fahren erlernt habe, aber nach dieser Woche wurde es knackig. Wir sind Tagelang auf den Skiern marschiert und haben gelernt wie man bei -30 Grad Celsius ein Iglu baut und somit bei -1 Grad Celsius schlafen kann. Wir marschierten weit und hoch ins Gebirge hinauf, je höher wir kamen desto dünner wurde die Luft und der eisige Wind kostete mich enorm viel Kraft. Nachdem wir wieder in unserem Hotel angekommen waren, war ich schon ziemlich erschöpft, denn während des Marsches wurden uns nicht nur viele Dinge erklärt, sondern wir haben auch unterwegs ziemlich viele kleine militärische Übungen gehabt. Am nächsten Tag stand für uns Unterricht an der Tagesordnung, wir wiederholten die Dinge vom Marsch und lernten noch zusätzlich Dinge über

Risiken und Gefahren bei Kälte im Gebirge. Dann näherte sich der Lehrgang dem Ende, wo wir eigenständig marschieren mussten. Es war ein richtiger Kraftakt, wo wir auf alles Wissen strengstens getestet wurden, denn in der Legion wird einem nichts geschenkt, entweder man kann es und besteht oder eben nicht, was einen beschämen würde. Ich habe aber bestanden und war froh wieder in die Kaserne fahren zu können. Als ich mich mit bestandenem Lehrgang in der Kaserne zurückgemeldet habe, hieß es okay, ich würde jetzt noch ein Wochenende haben, um meine Sachen zu waschen, einkaufen zu gehen und dann am Montag würde der Bus zur Schule und Ausbildungskaserne der Legion fahren, wo ich dann meinen LKW-Führerschein machen würde. Also nutzte ich die Zeit und bereitete alles für den nächsten Lehrgang vor. Als ich da angekommen und mich überall eingetragen hatte, gab es kurze Informationen, wie es ablaufen würde. Dies war ein erstaunlicherweise der entspannteste Lehrgang, den ich in meiner gesamten Dienstzeit machen durfte. Kaum Sport und wenig Stress haben mich diesen Lehrgang locker bestehen lassen. Als ich mich dann nach ein paar Wochen wieder mit bestandenem Lehrgang zurück gemeldet habe, bekam ich endlich mal wieder eine gute Neuigkeit, denn ich durfte wieder in den Urlaub gehen. Ich bereitete alles vor und war froh endlich mal ausschlafen zu können und normales Essen zu bekommen. Ich genoss den Urlaub und war froh mein normales Umfeld zu haben. Nachdem ich wieder alle besucht und ordentlich Party gemacht habe, musste ich wieder zurück in die Einheit. Als ich nach 6 Stunden wieder in der Kaserne angekommen war, musste ich erstmal checken, wie es weiter geht, beim Blick auf die Tafel, wusste ich schon vorher was kommen wird. Nämlich der nächste Lehrgang. Diesmal hieß es das ich mit meiner Einheit auf den Planierraupen Lehrgang gehen würde. Ich war schon gespannt, wie es wohl sein würde diese Baumaschine zu führen. Der Lehrgang war ebenfalls locker, aber morgens halt sehr Sportlastig. Das war mir aber egal und auch dieser Lehrgang ging bestanden vorüber. Wir fuhren zurück in die Kaserne und ich habe gedacht, jetzt mal alle Lehrgänge durch zu haben, also blickte ich völlig gespannt auf die Tafel und konnte es nicht glauben. Denn es stand der Sommergebirgslehrgang an. Also musste ich wieder das Wochenende dazu nutzen meine Sachen vorzubereiten und meine Ausrüstung zu packen, von der ich jede Menge gehabt habe. Ich hatte alleine 17 verschiedene paar Schuhe für jede Lage. Am Samstag bin ich dann mit allem durch gewesen und habe mir mit meinem Stubenkameraden einen Kasten Bier gekauft und einen Filmeabend gemacht. Dann ging es am Montag wieder auf den Gebirgslehrgang, wo diesmal viel und lange marschiert wurde. Außerdem habe ich das Abseilen aus 100 Meter Höhe und das Klettern erlernt. Bei diesem Lehrgang hatte ich aufgrund meiner Höhenangst massive Probleme und war mehr am schwitzen, als alles andere. Aber auch diesen Lehrgang habe ich mit Bravur gemeistert und dachte nun endlich mal mit allen Lehrgängen durch zu sein. Aber als ich zurück gekommen war und auf die Tafel geblickt habe, da hatte mich der Schlag getroffen. Denn ich sollte auf den Gruppenführer Lehrgang geschickt werden und im Dienstgrad aufsteigen. Also hatte ich wieder nur ein Wochenende und beschloss dieses mal in Frankreich an der Küste zu verbringen, alles was ich zu waschen gehabt habe, nahm ich mit und checkte im Hotel ein, wo ich dann einen Tag später den Wäscheservice in Anspruch genommen habe. Ich genoss es in schönen Restaurants essen zu gehen und mir Abends dann in Bars den Frust weg zu trinken. Am Sonntag kehrte ich früh in die Kaserne zurück und packte wieder einmal meine Sachen.

Am Montag fuhr dann wieder früh der Bus zur Ausbildungskaserne, wo ich meine Grundausbildung und meinen LKW-Führerschein gemacht habe. Dort angekommen, haben wir unsere Zimmer zugewiesen bekommen und nach ein bisschen Papierkram ging es auch gleich mit Sport los. Wir hatten, wie in der Grundausbildung auch, Tagsüber Sport, taktisches Training, diesmal als Gruppenführer und Nachts Unterrichte. Es gab wahnsinnig viel zu erlernen und die Ausbildung an verschiedensten Orten, war zum Teil echt heftig, denn das Programm wurde immer straffer, dabei nicht durchzudrehen war echt schwierig. Aber dennoch habe ich mich durchgebissen und es am Ende geschafft. Mit neuem Dienstgrad meldete ich mich dann in der Kaserne zurück und war richtig erschöpft. Natürlich wollte mein Zugführer sein neues Multifunktionswerkzeug testen und teilte mich für alle Dienste in meiner neuen Funktion als Gruppenführer ein. Die Wochen vergingen und ich meisterte meine Dienste. Es war schön und gleichzeitig anstrengend mal die andere Seite kennen zu lernen. Nicht nur Befehlsnehmer, sondern auch Befehlsgeber zu sein. Ich musste zwar nicht mehr putzen, aber dafür sorgen das geputzt wird. Ich musste kontrollieren und beurteilen. Es war anfangs komisch, denn ich musste sehr hartherzig und streng sein, was mir zum Teil nicht gefallen hatte. Von meinen Vorgesetzten wurde mir immer wieder klar gemacht, dass ich streng sein muss und die mir untergebenen ständig arbeiten lassen muss, damit die nicht anfangen eigenständig zu denken. Nach ein paar Monaten, habe ich mich daran gewöhnt und wurde mit einem anderen Auftrag betraut. Wir mussten nämlich die Polizei in Nordfrankreich bei ihrer Arbeit unterstützen. Also gab ich die Order und den Packplan raus, kontrollierte die Soldaten und gab dann meine Fertigmeldung an den Zugführer weiter. Am nächsten Tag ging es dann los, vor Ort haben wir unsere Zimmer bezogen und unsere Einteilung für die Streifen mit der Polizei erhalten. Beim ersten Kontakt bekamen wir Instruktionen von der Polizei über die Lage und unseren Auftrag. Wir fuhren mit der Polizei und sicherten diese, damit die ihre Arbeit weiter machen konnten und gleich am ersten Abend ging es los. Wir bogen in eine Straße ein und fanden sofort 12 Mann vor die sich gegenseitig verprügelt hatten. Also stürmten wir los und sicherten den Bereich. Die Polizisten riefen Verstärkung und die Menschen wurden alle verhaftet. Dann war die Streife auch schon beendet und wir kehrten in die Kaserne zurück. Am nächsten Tag stand für mich und meine Gruppe nur Sport auf dem Plan. Die darauf folgenden Tage fuhren wir in Stadtteile, wo teilweise Kühlschränke auf die Polizeiautos geschmissen wurden und die Bevölkerung gefährlich gewesen ist, weil sie zum teil bewaffnet gewesen ist. Es war unglaublich zu sehen, mit welcher Verachtung die uns entgegengetreten sind. Allerdings haben die auch großen Respekt gehabt, weil die Legion den Ruf hat sehr hart zu sein und rigoros in der Auftragsdurchführung. Deswegen haben die meisten einfach nur einen großen Bogen um uns gemacht und uns schlauer weise in Ruhe gelassen. An einem Tag waren wir zu fuß unterwegs, als in einem Kaufhaus ein Ladendiebstahl gemeldet wurde, wir gingen da hin und sahen jemanden weg laufen. Ich nahm den Mann ins Visier, um die Entfernung abzuschätzen, die Menschen um uns herum fingen an zu schreien. Kurze Zeit später ist dieser uns dann in die Arme gelaufen, um Unruhen zu vermeiden haben wir ihn mit in den Innenhof genommen und von der Polizei vernehmen lassen. Ich stand vor der Tür und habe Wache gehabt, als eine Gruppe von Jugendlichen den kleinen Gang rein kamen und ihren Freund befreien wollten. Ich pfiff mit meiner Trillerpfeife und meine Kameraden eilten herbei, gemeinsam zogen wir unsere Schlagstöcke und drängten die Jugendlichen zurück. Die Polizisten kamen mit dem anderen Jugendlichen und so gingen wir bereit zu reagieren wieder zum Auto. Es war ein gelungener Tag, denn der Jugendliche war schon bekannt gewesen. Die Wochen vergingen ohne besonders nennenswerte Geschehnisse. Es gab mal ein abgebranntes Auto, mal verhaftete Drogendealer, mal gar nichts. Dementsprechend war auch diese Zeit schnell vorbei, ich sehnte mich schon nach der Rückkehr in die Kaserne und war froh, als der Tag dann gekommen war. In der Kaserne zurückgekehrt haben wir auch im Namen der Polizei erstmal ein großes Lob erhalten, weil die wir gute Arbeit geleistet haben. Das wurde natürlich erstmal gefeiert. Wir bekamen den Auftrag, alle unsere Materialien zu prüfen und fingen danach mit der Vorbereitung auf die Weihnachtsfeier an. Wir bauten, wie jedes Jahr eine Krippe, bereiteten unser Rollenspiel für Heiligabend vor und feierten täglich. Dann kam auch schon Heiligabend und am nächsten Tag ging es endlich in den Urlaub. Ich freute mich meine Familie und Freunde wieder zu sehen, natürlich habe ich unterwegs noch Geschenke besorgt und die

Feiertage genossen. Nach meinem Urlaub kehrte ich frisch erholt in die Kaserne zurück und schaute auf die Order. Was ich diesmal sah waren Listen für Auslandseinsätze, beim Blick auf die Listen lief mir ein kalter Schauer über den Rücken. Ich war für Afrika geplant gewesen und traf mich dementsprechend am nächsten Tag mit allen die ebenfalls für Afrika geplant waren. Wir machten zusammen Sport und gingen viel schießen. Einen Tag vor der Abreise, mussten wir unsere Zimmer leer räumen und alles, was nicht mit auf die Mission kam in den Keller einlagern, falls jemand sterben würde, müssten seine Taschen nur zur Kleiderkammer gebracht werden, was dieses grausame Ereignis für alle Beteiligten leichter machen würde. Dann ging es los und wir kamen sehr spät in der Nacht an.

Ich habe auf den Lehrgängen viel erlernt, von dem ich heute noch vieles weiß. Die Erfahrungen mit der Polizei hatte mir ein Bild von der Gesellschaft gegeben und gezeigt, dass nicht nur Soldaten ihr Leben in ihrer täglichen Arbeit aufs Spiel setzten. Deswegen nochmal dank und Respekt an alle, die in diesen Berufen tätig sind.

Weite Reise im Gebirge

Sommer Gebirgslehrgang

Afrika

Wir haben gleich bei der Ankunft in der Kaserne haben wir erstmal einen Überblick über die Lage in Afrika und ganz besonders über das Gebiet, wo wir eingesetzt wurden bekommen. Danach wurden wir sofort in Wachdienste und Patrouillen eingeteilt. Da ich erst am nächsten Tag auf Patrouille gehen musste, konnten meine Gruppe und ich uns erstmal in unseren Zimmern einrichten und alles für unsere Missionen vorbereiten. Den nächsten Tag haben wir mit leichtem Sport angefangen, um uns erstmal an das Klima gewöhnen zu können, dann haben wir uns frisch gemacht und Mittag gegessen. Dann wurde uns der Auftrag erteilt am nächsten Tag einen Militärischen Sicherheitsbereich zur Evakuierung der Bevölkerung bei Anschlägen zu bewachen und Vorsichtsmaßnahmen zu ergreifen. Also nutzte ich den Abend noch, um mit meiner damaligen Freundin zu telefonieren und ihre nerven zu beruhigen. Es tat gut ihre Stimme zu hören und gab mir neue Kraft für den Auftrag. Am nächsten Morgen ging es früh los und nach einiger Zeit sind wir mit dem LKW am Bestimmungsort angekommen. Ich beobachtete gespannt meine Umgebung und war erschrocken über das einfache Leben der

Menschen. Zum Teil wohnten die in Wellblechhütten und haben riesige Wannen mit Wasser morgens zum Waschen, mittags zum Kochen und Abends zum Baden genutzt. Am Abend haben wir dann den Wachdienst abgelöst und ihnen alles Gute für die Heimreise gewünscht. Während meines Wachdienstes schaute ich vom Turm aus aufs Meer und beobachtete die Menschen am Zaun. Hin und wieder kam einer um mich zu beleidigen. Es war ein komisches Gefühl in einem fremden Land und nicht willkommen zu sein, obwohl wir nur da waren, um die Menschen zu schützen. Nach meinem Dienst ging es ins Bett und am nächsten Tag habe ich wieder intensiver Sport gemacht und mit den anderen Kameraden die Umgebung erkundet, um das Gefahrenpotential einzuschätzen. Dann durfte ich wieder versuchen Kontakt nach Hause herzustellen, was sich aber als schwierig erwies, denn der Empfang war richtig schlecht. So verging die Zeit und ich machte im Prinzip immer das Selbe. Sport und Wachdienst. Nach ein paar Wochen durften wir in die Kaserne zurück und mit den Patrouillieren in der Stadt anfangen. Nachdem ich mit meinen Freunden, meiner Familie und meiner Freundin geschrieben habe, wollte ich am liebsten wieder nach Hause, denn jeder hatte irgendwelche Probleme und ganz besonders meine damalige Freundin hatte stark damit zu kämpfen so weit von mir entfernt zu sein. Aber was soll es, ich habe meine Arbeit gerne gemacht, weil diese sehr vielseitig war. Auf der Patrouille beobachteten meine Kameraden und ich die Umgebung ganz genau, abgesehen davon tauschten wir Informationen darüber aus, wie es bei jedem einzelnen gerade zu Hause lief. Am nächsten Morgen hieß es wir hätten zwei Tage keinen Auftrag und könnten uns ruhig mal etwas gönnen. Ich ging in unseren Aufenthaltsraum und beschloss mich mit Kameraden zu betrinken. Meine Freundin machte Stress und meine Freunde kannten Afrika nur aus dem Fernsehen, also gute Gründe die Verständnislosigkeit weg zu trinken. Am darauf folgenden Tag, entspannte ich und kümmerte mich um saubere Wäsche. Wir konnten unsere Sachen bei der Wäscherei in der Kaserne abgeben und haben diese für umgerechnet einen Euro fünfzig, gewaschen und gebügelt zurück bekommen. Danach haben wir die Order für den nächsten Tag bekommen und waren nicht sehr begeistert, denn die Kaserne machte eine Übung zur Prevention von Anschlägen. Es wurde natürlich alles trainiert, was so passieren könnte. Die Übung dauerte ungefähr eine Woche. Wir waren Tage lang unterwegs und hatten am Ende keine Lust mehr. Aber auch diese Zeit verging und ich konzentrierte mich auf meine Arbeit, was mir den Kopf frei hielt. Da während der Übung viele Sicherheitslecks in der Kasernenstruktur sichtbar wurden. Haben wir uns um die Stabilisierung gekümmert. Kurz gesagt, wir haben Sandsäcke befüllt, Zäune erneuert, Checkpoints errichtet und für eine sichere Infrastruktur innerhalb der Kaserne gesorgt. Ich durfte dann noch mit der Planierraupe Sandwälle errichten. Das ganze hatte ebenfalls ein paar Wochen Zeit in Anspruch genommen, als wir damit fertig waren, habe ich mal wieder den Kontakt nach Hause hergestellt und meiner Freundin Geld überwiesen, damit sie unser zu Hause verschönern konnte. Dann wurde die Alarmstufe innerhalb der Kaserne erhöht und der Notstand ausgerufen, wir bekamen zur Unterstützung noch Fallschirmjäger, die uns bei den darauf folgenden Patrouillen tatkräftig unterstützt haben. Ich habe dann Kameraden aus meiner Grundausbildung getroffen, mir gespannt ihre Erlebnisse angehört und festgestellt, dass es in jeder Einheit der Legion einen harten Ton gibt, mit ordentlichen Bestrafungen bei kleinsten Fehltritten. Wir waren dann einen Tag auf einem Schiff, wo wir uns mal die Ausrüstung und die Arbeit der

Französischen Marine anschauen durften. Es war ziemlich interessant gewesen, auch mal hinter die Kulissen von anderen Einheiten der Streitkräfte zu schauen und ihr Aufgabengebiet zur Sicherung der Lage in einem Krisengebiet kennen zu lernen. In die Kaserne zurückgekehrt vergingen die Wochen auf den Patrouillen, wie im Flug und die Lage hatte sich entspannt, ich habe mich dem Ende meiner Mission genähert und weil wir diszipliniert alle Erwartungen der Kommandantur erfüllt hatten, durften wir zur Belohnung raus in die Zivilisation. Ich ging mit meiner Gruppe und unseren Vorgesetzten essen, wobei mir aufgefallen ist, dass es überall schwer bewaffnete Sicherheitsleute gab. Bei der Fahrt mit dem Taxi ins Einkaufszentrum wurden alle, wie auf einem Flughafen, kontrolliert bevor wir rein gehen konnten. Wir gingen danach noch in ein paar Bars und wurden immer wieder mit der Armut konfrontiert beziehungsweise angebettelt. Dann ging es auch schon zurück in die Kaserne, wo ich zum ersten Mal wieder ausschlafen konnte. Dann ging es auch schon mit der Vorbereitung auf die Rückkehr nach Frankreich los. Wir putzten alles nochmal und packten unsere Sachen zusammen. Am nächsten Abend ging es dann endlich zum Flughafen und in die Kaserne zurück.

Diese Mission war ein schwere psychische Belastung für mich geworden, weil die Menschen aus meinem Umfeld; Erwartungen hatten, die ich nicht erfüllen konnte. Nämlich für sie da zu sein.

Urlaub

Ich habe bei meiner Ankunft wieder die Taschen aus dem Keller geholt und erstmal Grundreinigung in meinem Zimmer gemacht. Es dauerte ein paar Tage, bis ich mich wieder eingelebt und den ganzen Papierkram erledigt hatte. Dann ging es für mich früher, als erwartet in den Urlaub und ich war froh, als ich wieder zu Hause war. Meine Freunde/ Familie hatten sich auch sehr gefreut mich endlich wieder zu haben, also plante ich erstmal meine ganzen Besuche, machte mich fertig und ging auf Partytour. Meine damalige Freundin hatte wohl jemand neues kennen gelernt, weshalb sie beschlossen hatte bei ihrer Familie zu wohnen und unsere gemeinsame Wohnung zu kündigen. Ich genoss die Zeit mit meinen Freunden und die zahlreichen Besuche bei meiner Familie. Allerdings musste ich auch langsam aber sicher an meine Zukunft denken und schon mal anfangen mein ziviles Leben vorzubereiten. Also nutzte ich meine freie Zeit, um Bewerbungen zu schreiben und schaute schon mal langsam aber sicher nach einer neuen Wohnung. Die Treffen mit meinen Freunden haben mich persönlich erfüllt und mir eine neue Perspektive gegeben, allerdings war es auch ein befremdliches Gefühl. Ich war bei den Treffen immer unter großer Anspannung und habe des öfteren in großen Menschenmengen angefangen zu zittern. Dieses Verhalten brachte mir mehr Zeit zu Hause ein, denn mich beschäftigten einfach viele Ereignisse. Es war, als hätte ich keine Lebensfreude mehr. Trotzdem verging die Zeit wie im Flug und ich musste wieder zurück in meine Kaserne. Der Abschied am Flughafen viel mir ziemlich schwer und ich spürte das es an der Zeit war mein Leben wieder zu ändern.

Mir ist aufgefallen, dass persönliche Veränderungen zum Leben dazu gehören und es an jedem selber liegt, was man daraus macht.

Regeldienst

In der Kaserne ging alles wie gewohnt weiter. Ich habe mit meinen Kameraden täglich Sport gemacht und dann hatten wir die Ehre eine neue Waffe mit den verschiedensten Anbauten testen zu dürfen. Natürlich sind wir damit nicht einfach nur umher spaziert, sondern haben die Waffe mit all ihren Funktionen in mehreren Übungen getestet. Fazit es war nicht für unsere Arbeit gemacht und wurde deswegen abgelehnt. Denn egal auf welchen Gebieten der Erde ich unterwegs war, ein paar grundlegende Dinge waren überall gleich. Je leichter der Rucksack, desto schneller kommt man voran, wenn man dann aber noch zusätzlich schweres Equipment dabei hat, dann macht es einen die Arbeit nur schwer. So trainierten wir unsere Robustheit, indem wir viel und lange mit vollem Marschgepäck, so wie kompletter Ausrüstung am Mann marschierten. Ich habe diesen Teil des Berufs am meisten gehasst, weil man am Ende immer Stellen am Körper hatte und der Körper immer ein paar Tage gebraucht hatte, um sich zu erholen, aber letzten Endes kann man nicht immer nur Abenteuer erleben, sondern muss auch mal nicht ganz so spannende und einfach nur anstrengende Dinge machen. Zu dem Training gehörte natürlich auch die Hindernisbahn, wonach ich immer gedacht habe gleich einen Herzinfakt zu bekommen, weil ich dabei immer extrem gepuscht gewesen und fast über die Hindernisse geflogen bin. Wie schon gesagt, vergingen die Wochen wie im Flug und ich war richtig froh, als ich endlich mit meinem Zettellauf anfangen durfte. Es war ein befreiendes Gefühl keine Übung mehr machen zu müssen und mich nur mit meiner Abreise beschäftigen zu dürfen. Ich habe mehr Zeit gefunden mich mit meinen Freunden und meiner Familie auszutauschen, was mir ein gutes Gefühl für meine Heimkehr gegeben hatte. Nach erfolgreicher Auskleidung habe ich dann meine Abschiedsfeier gehabt und wurde von meiner Einheit mit fürstlich gedecktem Tisch und einer Statue, als Erinnerung verabschiedet. Dann hatte ich Wochenende, welches ich in einem Hotel verbracht habe. Ich ließ mir immer wieder die Worte meiner Vorgesetzten durch den Kopf gehen und fand das sie recht hatten. Es beginnt für mich ein neuer Abschnitt in meinem Leben und ich werde mich immer mit einem lachenden und einem weinenden Auge an diesen harten Teil meines Lebens erinnern. Außerdem wurde mir gesagt, dass ich mit etwas gehe, aber auch etwas da gelassen habe. Was genau diese Sachen sind erkläre ich später. Nach dem Wochenende fuhr ich ins Mutterhaus zurück. Die Kaserne wo alles angefangen hatte, wo ich die Tests gemacht und mich für ein Abenteuer entschieden habe. Bei der Ankunft wurde ich herzlich von alten Kameraden aus meiner Grundausbildung empfangen, wir haben unsere Zimmer bezogen und uns erstmal auf ein paar Biere zusammengesetzt. Jeder hatte von seinen Erlebnissen aus den verschiedensten Kasernen berichtet. Für mich war interessant zu hören, wie mein Leben in den anderen Kasernen gelaufen wäre und ich habe unterm Strich für mich die richtigen Entscheidungen getroffen. Wir machten noch ein paar Fotos, gingen nochmal ins Museum und bekamen unsere Dienstzeugnisse, als Nachweis für unsere Tätigkeiten. Dann erledigten wir noch mehr Papierkram, wie das Auflösen der Versicherung, Bankkonten und so weiter. Da das mit dem ganzen Administrativen Vorgängen länger andauerte, habe ich nochmal Urlaub bekommen und diesen für weitere Bewerbungen genutzt. Dann ging es für mich wieder zurück und ich habe nur noch meine Unterlagen geholt, bevor es zum letzten Bier mit den Kameraden ging.

Die Zeit verging ziemlich schnell und mir selber hat es gezeigt, dass man jeden Moment im Leben genießen sollte, denn das Leben läuft gefühlt von Jahr zu Jahr immer schneller und am Ende bleibt nur die Erinnerung.

Abschied aus der Legion im Museum

Neuanfang in Deutschland

Als ich dann in Deutschland angekommen war, musste ich erstmal durchatmen und mir bewusst machen, dass ich nun nichts mehr war. Ich öffnete die Post und überlegte was ich wohl als nächstes tun könnte, um gut ins neue Leben zu starten. Denn meine Situation war schlecht, die Wohnung war gekündigt, die Frau war mit all ihren Sachen weg und nun hatte ich nichts, außer mein gespartes und meine Erinnerungen. Also kümmerte ich mich erstmal um eine Versicherung und überlegte, was ich wohl als nächstes tun könnte. Dann hatte ich ein Stimmungstief und war in der Nacht von Alpträumen geplagt, am nächsten Tag ging ich erstmal einkaufen. Auf dem Rückweg nahm ich mir eine Zeitung mit und durchstöberte die Angebote. Es war vielleicht nur Zufall, aber beim Öffnen der Zeitung viel mir ein Prospekt mit Werbung für die Post auf den Schoß. Ich entschloss mich einfach mal eine Bewerbung abzuschicken und nutzte danach die Zeit, um meine Freunde und Verwandten zu kontaktieren, es hatte alle gefreut das ich wieder gut angekommen war. Aber im Gegensatz zu vorher hatten sie jetzt alle eher wenig bis gar keine Zeit für mich. Die Tage vergingen und ich trank vor dem ins Bett gehen zunehmend mehr Alkohol, um die Nacht gut durch schlafen zu können. Bis die Einladung zum Vorstellungsgespräch bei der Post kam. Ich ging da hin und bekam den Job. Ich war froh endlich wieder einen Lichtblick zu haben und aus meinen Trott raus zu kommen. Da die Stelle erst in vier Wochen frei war, habe ich noch genug Zeit gehabt mir an meinem neuen Arbeitsort eine Wohnung zu suchen. Ich habe weitere zwei Wochen warten müssen, bis ich nach ein paar Besichtigungen die Richtige gefunden hatte. Also kontaktierte ich alle meine Freunde und zog in die neue Wohnung ein. Es war anfangs komisch, aber ich habe mich relativ schnell daran gewöhnt, denn die Einkaufsmöglichkeiten waren alle um der Ecke und der Arbeitsweg war ebenfalls sehr kurz. An meinem ersten Arbeitstag war es ungewohnt auf neue Leute zu treffen, aber ich hatte Glück und wurde freundlich aufgenommen. Nach meiner Einführungszeit von ein paar Wochen, habe ich zum ersten Mal erlernte Touren fahren dürfen. Es war interessant und zugleich sehr mühselig die Arbeit eines Postboten zu erledigen. Ich habe viele neue Menschen kennen gelernt und auch einige, die mir Angst gemacht haben. Aber mit der Zeit habe ich mich auch daran gewöhnt. Allerdings wurde mir nach zwei Monaten bewusst, dass ich diesen Beruf nicht weiter ausführen möchte. Obwohl ich nun wieder in meiner Heimat war, hatte ich trotzdem nicht so viel Zeit, wie erhofft. Ich sprach mit meinen Freunden und entschloss mich meinen Dienst an der Waffe zur Verteidigung unseres Landes zu leisten. Ich bewarb mich und durfte relativ kurz danach meine Eignungsfeststellung machen. Die habe ich bestanden und am selben Tag meine Kündigung bei der Post eingereicht. Ich blickte voller Zuversicht in eine neue Zukunft. Als dann mein erster Tag der Grundausbildung kam, da war ich total gespannt und innerlich schon darauf vorbereitet, wieder intensiven Stress zu erleben. Aber es lief alles sehr human ab. Ich habe zwar trotzdem noch intensiven Sport und auch zeitlich getakteten Drill gehabt, dennoch konnte ich fast immer nachts schlafen. Die Ausbildung ging schnell vorüber und ich freute mich auf meinen Urlaub, den ich natürlich mit Freunden verbracht habe. Ich kam dann mit einem weiteren Soldaten aus meiner alten Einheit an meinem neuen Dienstort an, wo ich erstmal kreuz und quer durch die Kaserne geschickt wurde. Als ich dann endlich meine Stube beziehen konnte und mich bei den anderen Kameraden vorstellte, haben die mich eher ernüchtert begrüßt. Mir wurde der Ablauf und alles weitere erklärt, bis ich endlich schlafen konnte. Die Zeit verging und mit jeder Übung, jedem Drill viel es mir zunehmend schwerer bei der Sache zu bleiben. Meine Gedanken schweiften am Tag ab und ich bekam zunehmend mehr Alpträume in der Nacht. Nach ein paar Jahren und etlichen Übungen der verschiedensten Art, fing ich vermehrt an zu zittern.

Mein Neuanfang war ziemlich holprig, aber ich denke mal das es manchmal die kleinen Zufälle im Leben sind, die uns vorwärts bringen.

PTBS

Meine Kaserne bereitete sich langsam aber sicher auf den nächsten Auslandseinsatz vor und im Rahmen dessen, musste ich viele Übungen machen. Es viel mir zunehmend schwerer am Dienst teil zu nehmen und die Nächte ruhig zu schlafen. Als es eines Tages auf die Schießbahn ging, war ich unkonzentriert und irgendwie unter totaler Anspannung, als ich dann dran war die Übung zu schießen, verschwamm alles vor meinen Augen und ich habe mich in Guyana wieder gefunden. Also schoss ich auf Ziele, die in der Realität nicht existierten. Meine Vorgesetzten haben mich angebrüllt, ob ich wüsste wo ich bin und mich entwaffnet, was ich nicht wirklich mitbekommen habe. Es war wie in einem Alkoholrausch für mich. Alles um mich herum war gedämpft und die Schießbahn war kurz weg. Ich habe am ganzen Körper gezittert, Schweißausbrüche gehabt und meine Ohren haben gedrönt. Dann wurde ich von einem Kameraden zu meinem Kompaniechef gebracht, welcher mich an eine Psychologin verwiesen hatte. Nach dem psychologischen Gespräch habe ich Urlaub gehabt. Zu Hause habe ich zunehmend schlechter schlafen können und bin nachts schweißgebadet aufgewacht. Um wieder einschlafen zu können, habe ich Alkohol getrunken. Beim Einkaufen habe ich mich immer verfolgt gefühlt und meine Umgebung genauestens beobachtet. Wenn die Schlange vor der Kasse zu lang gewesen ist, dann habe ich nervös oft zur Uhr geschaut und bin zittrig geworden. Bis ich es nicht mehr ausgehalten habe und den Einkaufskorb stehen gelassen habe und schnell rausging. Nach etwa 20 Minuten ging es etwa, also gewöhnte ich mir an Abends einkaufen zu gehen, wenn weniger los gewesen ist. Da Sauberkeit und Ordnung das Leben eines jeden Soldaten prägen, kümmerte ich mich eines morgens um meine Wohnung, wo ich alles putzte. Ich ging am Ende in die Küche, um meine Töpfe abzuwaschen, mit dem letzten Topf, stieß ich an den Wasserhahn und vernahm ein klickendes Geräusch. Als ich das hörte, hatte ich ganz viele Bilder im Kopf. Es war, als würde ich an einem Bahnhof stehen und ein vorüber fahrender Zug mit ganz vielen Waggons fährt vorbei. Bloß das ich nicht am Bahnhof, sondern in meiner Küche stand und der Zug kein Zug, sondern ganz viele Bilder aus meinen Einsätzen gewesen ist. Danach war ich so fertig, als wäre ich einen Marathon gelaufen, der Schweiß lief und ich habe keine Kraft mehr gehabt. Also beschloss ich erstmal schlafen zu gehen, ich schaffte es gerade mal aus der Küche raus, wo ich dann zusammengebrochen bin. Als ich wieder klar sah, kontaktierte ich meinen Vater und schilderte ihm diese Ereignisse. Wir beschlossen, dass ich mich schnellstmöglich ins Krankenhaus begeben sollte, also packte ich meine Sachen und begab mich dorthin. Die Wochen vergingen und die intensiven Untersuchungen haben schlussendlich das Resultat gebracht, dass ich an einer Post Traumatischen Belastungs Störung leide. Die Konsequenz aus dieser Krankheit war, dass ich ins Büro geschickt wurde, um an dem aktiven Dienst an der Waffe nicht mehr teilnehmen zu müssen. Abgesehen davon habe ich mehrere Aufenthalte im Krankenhaus über mich ergehen lassen müssen. Die ersten Wochen nach den Aufenthalten haben die Symptome noch schlimmer gemacht, so dass ich auch zu Hause teilweise meine Filme vor Augen hatte. Jedes Mal danach habe ich mich gefühlt, als ob mir jemand den Stecker gezogen hätte und war in einem schwachen Zustand. Schweißgebadet und völlig kaputt bin ich dann meistens erstmal duschen gegangen und musste mich erstmal ausruhen. Dann habe ich des öfteren beim Einkaufen und in Umgebung von vielen Menschen ein Zittern, Schweißausbrüche und eine verschwommene Wahrnehmung gehabt. Wenn so etwas passiert ist, bin ich nach Hause geflüchtet und am nächsten Abend einkaufen gegangen. Ich habe meine Umgebung genauestens beobachtet und auf die Körpersprache meiner Mitmenschen geachtet. Jedesmal kam die Überlegung ob mir jemand von denen vielleicht etwas böses tun möchte. So habe ich mich mit der Zeit mehr und mehr aus der Gesellschaft zurückgezogen und mit der Zeit erst gelernt damit umzugehen. Ich musste mein Leben komplett ändern und mich darauf einstellen, diese Erkrankung niemals mehr loszuwerden. Ein paar Jahre später und nach etlichen Aufenthalten im Krankenhaus habe ich die Einsatztrauma gut verarbeiten können und gelernt das ich zwar unheilbar krank bin, aber das ich dennoch damit leben kann. Mit der Zeit habe ich mir all diese Dinge, die für andere Menschen normal sind, wie zum Beispiel Bus oder Bahn fahren, mittels verschiedenster Techniken zur geistigen Kontrolle zurück erarbeiten können. In der Verwaltung habe ich dank meiner Vorgesetzten die Freiheit gehabt mir mal eine Auszeit zu nehmen, wenn der Kopf nicht mehr funktionierte oder mein Zittern wieder stärker geworden ist. Meine Alpträume sind zwar verschwunden, aber dennoch schlafe ich immer noch unruhig und eher schlecht. Diese Krankheit ist sehr heimtückisch und die Flashbacks kamen immer dann, wenn man es am wenigsten erwartet hatte. Nach erfolgreicher Langzeittherapie kann ich sagen, dass ich mir vieles wieder zurück erarbeiten konnte und somit mittlerweile ein eigenständiges Leben führen kann.

Diese Erkrankung hatte mir viel vom eigenständigen Leben genommen und mir eine Zeit lang alle Hoffnung geraubt. Ich musste alles neu erlernen und bin froh dieses, dank meiner Psychologen und einen starken Willen geschafft zu haben.

Erst wenn man am Boden ist und alles verloren hat, weiß man zu schätzen was man kann und hatte.

Neue Kaserne

Mit der Zeit habe ich viele Kameraden kommen und gehen sehen, es gab dementsprechend ordentlich Papierkram zu erledigen. Ich machte es gerne und hörte mir auch gerne an was sie nach der Armee wohl machen würden. Das waren dann so Momente, wo ich mir für mich überlegt habe, was ich wohl in der freien Marktwirtschaft machen würde. Schlussendlich habe ich festgestellt, obwohl ich sehr viele Probleme habe, so ist in der Armee mein Leben. Mein Weg hat mich hierher geführt und hier werde ich auch bleiben. Allerdings wurde mir auch klar, dass diese Kaserne mit all ihren Anforderungen zu viel für mich ist, weshalb ich beschlossen habe diesen Standort zu verlassen und in einer neuen Kaserne mit weniger Schussbereitschaft von vorne anzufangen. Also stellte ich meinen Versetzungsantrag und ging bis zum Neustart auf Reisen innerhalb Deutschlands. Ich Reiste von Ort zu Ort und machte neben Entspannungsprogrammen in den verschiedensten Hotels auch viele Bekanntschaften. Abgesehen davon nutzte ich die Zeit, um dieses Buch zu verfassen und mich der Welt mitzuteilen. Es war schön zu sehen, was dieses Land alles zu bieten hat. Abgesehen davon konnte ich sehr viele Eindrücke sammeln und mich in den verschiedensten Situationen Trainieren meiner PTBS die Kraft zu nehmen. Also war diese lange Auszeit etwas gutes und auch etwas das ich gebraucht habe. Allerdings ist mir auch aufgefallen, dass Urlaub zwar etwas schönes ist, aber wenn dieser zu lange dauert, dann fällt einem irgendwann die Decke auf den Kopf.

Jeder Neuanfang im Leben bringt vieles mit sich, in meinem Fall hat es mir geholfen mich selbst besser zu verstehen und dank des Schreibens meine Vergangenheit für mich aufzuarbeiten.

Mein Leben geht zwar weiter,
aber für dieses Buch ist hier das

- ENDE -

Nachwort

Als ich meinem Umfeld mitteilte, dass ich meine Erinnerungen zu Papier bringen würde da wurde mir geraten nicht zu detailliert an die Sache ran zu gehen, denn es gibt ein paar Sachen die geheim und nicht für die Öffentlichkeit bestimmt sind.

Ich denke im großen und Ganzen habe ich es ganz gut getroffen und keinen verärgert. Meine Schlussfolgerung aus meinem bisherigen Leben lautet folgendermaßen:

Ich habe viel erlebt und schon sehr viel von der Welt gesehen, aus meinen Zeiten in der Legion kann ich nur sagen, dass es eine sehr harte und arbeitsreiche Zeit gewesen ist und mich aber in meinem Lebenswillen und dem Streben nach Erfolg bestärkt hat. Ich habe außerdem gelernt das in diesem einen Leben, welches wir haben, auch in den schlechtesten Tagen immer irgendwo ein Sonnenstrahl ist, man muss ihn nur sehen. Abgesehen davon sollte man immer zu 100 % hinter seinen Entscheidungen stehen. Ich möchte an dieser Stelle meinen Freunden, Psychologen, Kameraden und meiner Familie danken immer hinter mir gestanden und mich bei jeder meiner Entscheidungen unterstützt zu haben.